泰戈尔传

郑振铎 / 编

中央编译出版社

图书在版编目（CIP）数据

泰戈尔传 / 郑振铎编 . -- 北京：中央编译出版社，2023.8

ISBN 978-7-5117-4135-6

Ⅰ.①泰… Ⅱ.①郑… Ⅲ.①泰戈尔（Tagore, Rabindranath 1861-1941）- 传记 Ⅳ.① K833.515.6

中国版本图书馆 CIP 数据核字（2022）第 011843 号

泰戈尔传	
选题策划	张远航
责任编辑	张　科
责任印制	刘　慧
出版发行	中央编译出版社
地　　址	北京市海淀区北四环西路 69 号（100080）
电　　话	（010）55627391（总编室）　（010）55627362（编辑室） （010）55627320（发行部）　（010）55627377（新技术部）
经　　销	全国新华书店
印　　刷	北京文昌阁彩色印刷有限责任公司
开　　本	880 毫米 ×1230 毫米　1/32
字　　数	122 千字
印　　张	7.75
版　　次	2023 年 8 月第 1 版
印　　次	2023 年 8 月第 1 次印刷
定　　价	58.00 元

新浪微博：@ 中央编译出版社　微信：中央编译出版社（ID：cctphome）
淘宝店铺：中央编译出版社直销店（http：//shop108367160.taobao.com）
　　　　（010）55627331

本社常年法律顾问：北京市吴栾赵阎律师事务所律师　闫军　梁勤
凡有印装质量问题，本社负责调换。电话：（010）55626985

出版前言

在人类历史的浩瀚长河中,涌现出无数名人。他们的人生,或跌宕起伏,或悲喜交集,或崎岖坎坷,或功成名就,他们都以不同的方式在人类历史上留下自己的印记,也从某种程度上推动着文化繁荣、社会发展、文明进步。他们如同夜空的繁星,或明或暗,或远或近,照进后来者的现实,点亮前行者的梦想。

阅读这些名人传记,不仅可以把读者带入他们的人生、感受他们的思想,也可以让后来者更好地了解历史、学习知识,进而思考哲理、启迪智慧。因而,名人传记成为深受读者喜爱的图书,也是众多出版机构长期重视推出的品种。

以"思想文化的摆渡者"为座右铭的中央编译出版社,始终注重出版高品质图书,近年来陆续出版了《爱因斯坦传》《海明威传》《弗洛伊德传》《康德的世界》等历史文化名人传记，受到读者的欢迎。在这个过程中，我们也发现，早期国内外也曾出版过不少高水准的名人传记图书，因时间久远，有些已被读者淡忘，但仍具有很高的阅读价值。所以我们决定将这些图书发掘整理，策划推出"历史文化名人传记系列"丛书。为更好地适应当下读者的阅读需求，并进一步增强其可读性，我们在保持原书内容、当时的语言风格、词语的使用和基本结构不变的前提下，一是对文字进行了审校，修订了部分错误；二是重新排版；三是充实了部分资料和图片，如珍贵手稿、人物肖像等。另外，在编辑过程中，编者对书中一些人名、地名、著作名称的翻译，做了页下注释。我们希望这套丛书能够丰富读者的书架，带给大家更好的阅读体验。同时，也欢迎亲爱的读者给我们提出宝贵的意见和建议。

《泰戈尔传》最早刊印在1923年的《小说月报》上，单行本于1925年出版，共12个篇章。郑振铎在书中留下了经典而深刻的评述，他称赞泰戈尔生活简朴、思想高尚，把人类的永久和平与自由发展当作自己的使命。重读此书，一定会有别样的收获。

序

这册《泰戈尔①传》原登载于一九二三年九月及十月号《小说月报》上。单行本本想在泰戈尔到中国时出版,不料搁置于印刷的地方直到了现在。因为近来很忙,不能再细读一过,所以除了一二小错误曾改正了之外,其余文字一概都照旧。

虽然泰戈尔在去年四月已到过中国了,已在中国讲演了好几次了,然而能充分了解他的人究竟有多少呢?这篇传对于想知道他的生平与思想的人,也许不无小小的帮助。

我在附录里转载了我的朋友瞿世英君及张闻天君的几篇文字,应在此向他们道谢!

泰戈尔在中国的讲演,俱由我的朋友徐志摩君为之记

---

① 原文为"太戈尔",下同。

录，他现在正在整理这个讲演集，大约不久即可出现。因此，这个小册子里对于泰戈尔在中国的行踪与讲演，便不再述了。

郑振铎

十四①年二月二十四日

---

① 即一九二五年。

目 录

绪　言 / 001

第一章　家　世 / 001

第二章　童年时代 / 007

第三章　喜马拉雅山 / 017

第四章　加尔各答与英国 / 027

第五章　浪漫的少年时代 / 035

第六章　变迁时代 / 045

第七章　旅居西莱达时代 / 055

第八章　泰戈尔的妇人论 / 065

第九章　国家主义与世界主义 / 071

第十章　和平之院 / 081

第十一章　泰戈尔的哲学的使命 / 089

第十二章　得诺贝尔奖金与其后 / 097

泰戈尔图像 / 111

附录 / 171

  一　泰戈尔的人生观与世界观 / 173

  二　泰戈尔的艺术观 / 179

  三　泰戈尔之"诗与哲学"观 / 186

  四　泰戈尔的妇女观 / 210

  五　泰戈尔对于印度和世界的使命 / 215

  六　泰戈尔的重要著作 / 227

绪　言

拉宾德拉纳特·泰戈尔①（Rabindranath Tagore）是现代印度的一个最伟大的诗人，也是现代世界的一个最伟大的诗人。

他的作品，加入孟加拉②（Bengal）文学内，如注生命汁给垂死的人似的，立刻使孟加拉的文学成了一种新的文学；他的清新流利的译文，加入英国的文学里，也如在万紫千红的园林中，突现了一株翠绿的热带的长青树似的，立刻树立了一种特异的新颖的文体。

现代诗人的情思，对于我们似乎都太熟悉了；我们听熟了他们的歌声，我们读熟了他们的情语，我们知道他们一切所要说的话，我们知道他们一切所要叙述的方法，他们的声音，已不能再引起我们的注意了。泰戈尔之加入世

---

① 原文为"拉宾特拉那斯·太戈尔"，下同。
② 原文为"彭加尔"，下同。

界的文坛,正在这个旧的一切,已为我们厌倦的时候。他的特异的祈祷,他的创造的新声,他的甜蜜的恋歌,一切都如清晨的曙光,照耀于我们久居于黑暗的长夜之中的人的眼前。这就是他所以能这样地使我们注意,这样地使我们欢迎的最大的原因。

他同时又是一个伟大的哲学家;他的哲学思想,也如他的诗歌和其他作品一样,能跳出近代的一切争辩与陈腐的空气,而自创一个新的局面。

他在举世膜拜西方的物质文明的时候,独振荡他的银铃似的歌声,歌颂东方的森林的文化。他的勇气实是不能企及。

我们对于现代的这样的一个伟大的人物似乎至少应该有些了解。

他现在是快要到中国来了,我且乘这个机会,在此叙述他的生平的大略,以为大家了解他的一个小帮助。

他的传记的本身也是一篇美丽的叙事诗。印度人都赞羡着他完美的生活。自他的童年以至现在,他几乎无一天不在诗化的国土里生活着。我们读他的传记正如读一篇好诗,没有不深深地受它的感动的。我所以要介绍他的传记,这也是一个小原因。

去年二月的《小说月报》上，我曾做了一篇他的传，但未免太简略了。所以现在再在此做一篇较详细的。

我的这篇传里的材料，大部分都取之于泰戈尔的《我的回忆》与柯麦尔·罗伊①（B.Koomar Roy）的《泰戈尔与其诗》二书。此外还参考了几本别的书，它们的名字，恕不能在此一一举出。

---

① 原文为"柯麦尔·洛依"，下同。

第一章

家 世

第一章　家　世

拉宾德拉纳特·泰戈尔生于一千八百六十一年①五月六日。他的生地是印度的孟加拉地方。印度是一个"诗的国"。诗就是印度人日常生活的一部分。新生的儿童到了这个世界上所受的第一次的祝福,就是用韵文唱的。孩子大了如做了不好的事,他母亲必定背诵一首小诗告诉他这种行为的不对。在初等学校里,教了字母之后,学生所受的第一课书就是一首诗。许多青年的心里所受的最初的教训就是:"两个伟大的祝福,能消除这个艰苦的世界的恐怖的,就是尝诗的甘露与交好的朋友。"许多印度人做的书也都有用诗的形式来写的;文法的条规,数学的法则,乃至博物学、医学、天文学、化学、物理学,都是如此。结婚的时候,唱的是欢愉之诗;死尸火葬的时候,他们对于死人的最后的说话,也是引用印度的诗篇。在这个"诗之国"里,产生了这个伟大的诗人泰戈尔自然是没有什么奇怪的。他的家庭是印度的著名的望族。近百年来,这家摇篮里继续产生了不少的伟大的人物,为孟加拉地方的文艺复兴的先驱者。无论在社会与宗教的改革,在艺术

---

① 即一八六一年。

与音乐的复兴,在政治与实业的组织上,他们都立有很大的功绩。所以印度的人民,尤其是孟加拉的人民,一讲起这个家族都带着十二分的敬意。在这样的家庭产生了他,也是没有什么奇怪的。

这个家族当中,最著名的人有柯麦尔·泰戈尔(Prosonno Koomar Tagore),他是一个地主,一个享大名的律师,一个编辑者,他生平做了不少的关于法律与教育的文字,又创办了英印协会,为它的会长;有莫汗·泰戈尔(Raja Sir Sourindra Mohun Tagore),他是印度的一个最著名的音乐家。他创办了孟加拉音乐学校及孟加拉音乐院,还著了不少的论印度音乐和乐器的书;有阿白宁特拉那斯·泰戈尔(Abanindranath Tagore),他是一个著名的画家,印度艺术复兴运动中的一个领袖;有拉马那斯·泰戈尔王(Maharaja Ramanath Tagore),他是我们现在所叙的这个大诗人的祖父的兄弟,一个政治上的领袖,并且也是一个著作家;有特瓦拉甘那斯·泰戈尔王子(Prince Dwarakanath Tagore),他是这个大诗人的祖父,一个大地主,创办了地主协会,又是一个社会改革者,著名的慈善家,最初反对印度妇人殉夫的风俗。

在许多名人中,尤其著名的是这个大诗人自己的父亲

第一章　家　世

特平特拉那斯·泰戈尔（Debendranath Tagore）。他不是一个国王，他不愿意得到这种的地位。但印度的人民却荣他更可贵的尊号，称他为"大哲"。他是印度近代的一个最伟大的社会的和宗教的改革者，他的牺牲的精神和坚定的主义，近代的印度没有一个人足以与之并肩。他是一个王子的儿子，然因要尽道德上的义务，竟把所有的地产，两手捧给他父亲的债主，使他自己安于一个穷人的地位。这些债务，本来都是没有法律上或文件上所规定的必要偿还的责任的。债主们为他的这个义侠的举动所感，竟留下一部分的财产还给他。他共生了七个儿子，三个女儿，大诗人拉宾德拉纳特是他们当中最少的一个。在他们几个兄弟当中，著名的人也不少，有一个名叫特威琴特拉那斯（Dwijendranath）的，是现代的一个大哲学家。"松鼠从树枝上跃到他的膝上，鸟儿们栖息在他的手上。"

第二章

童年时代

第二章 童年时代

大诗人的泰戈尔在这样的一个家庭中度过他的童年。

他和别的两个孩子在一起读书,他们都比他大两岁;那时所读的东西,他早已忘怀;他所记得最真切的只有:"雨溅叶颤"及"雨淅沥的落下,潮水泛溢到河上来"二句。这是他与文学第一次的接触;他说,当时的印象,到现在还没有消灭。

他在家中,不常见到他父亲。那个"大哲"是常在外面旅行的。他幼年的保护者是几个男仆人,他们都是很粗心很自私的。他们常常为免除他们的看护的麻烦起见,把小孩子们关在一间屋里,不准他们自由行动。有一个仆人,常叫泰戈尔坐在一个指定的地点,用粉笔在地上画了一个圆圈,把他包围起来,并且惊吓他说,如果他离开这个圆圈一步,就会有危险。他便坐在那里动也不动。因为他读过《罗摩衍那》①(*Ramayana*),知道有一个人因为擅自离开别人所画的圈子,后来竟遇到许多危险。幸而他所坐的地方,常近于窗口:他从窗中能够看见花园,看见一个池,许多行树,还看着往来的人与鸟儿等;鸭子在池中游

---

① 原文为"拉摩耶那",下同。

泳，树影在水面映动。有一株榕树，尤使他注意，他在后来曾有一首诗写到它。

  呵，古老的榕树，你的绞绕的树根从枝上挂下来，
  你日夜站着不动，如一个修道者之在忏悔，
  你还记得那个孩子，他的幻想曾随了你的阴影，而游戏的吗？

天然的景色，使他忘了囚禁之苦。

他在家中，几乎一步也不曾踏到大门以外，即家中的许多房屋，他也不能走遍。他父亲的房子在三层楼上，因为他常不在家，所以门终日都是关着。幼年的泰戈尔常偷偷地推门进内，坐在沙发上。

有一天，他正在可以看见大路的楼廊上游戏，他的外甥萨底亚（Satya）突然的"巡警！巡警？"地叫着，想去吓他。他那时候，还不明白巡警的职务是什么，仅知道他们是可怕的，犯罪的人一被他捕去，便如被鳄鱼吞入口内一样，永不会再出来。所以他一听见这个叫声，幼稚的心，大为恐怖，立刻逃进屋内，不敢再出去，静静地坐在他母亲的房门口，拿了一本《罗摩衍那》在读。这本书是

第二章 童年时代

属于他的祖姑母的。他的心渐渐的沉浸到书中去，看到一个悲惨的地方，竟哭泣起来。他的祖姑母跑了来，把她的书取去。这件事，也使他许久不曾忘记。

他一天一天的长大，一天一天的更渴望到家宅以外去看看。

有一天，他看见他的一个哥哥和他的外甥萨底亚同到学校里去上学。因为他还少，他们不让他同去。当萨底亚回家时，向他夸说路上的经历。他竟哭起来，要求也到学校里去。他的家庭教师跑来，重重的打他几下，对他警告道："你现在哭着要进学校，将来恐怕你更要哭着想出校呢。"他忘了这个教师的姓名、面貌及性格，但他的沉重的手掌和他的这个沉重的警告，则使他永不能忘。他说，在他生平，不曾听见比这个更准确的预告。

他的哭声，使他立刻达到他的愿望。他进了东方学院。在那里学的什么，他早已忘了，但他们的一种刑罚，则还留一个很鲜明的印象在他脑中。凡是不能背诵功课的儿童，都被罚立在木凳上，两臂伸开，手掌向上，在手掌上堆了好几片石板。

他很不喜欢这个学校，离了家庭的拘束，又进了学校的囚笼。他自然很不高兴。他的家庭教师的预言至此不幸而中；他不久竟离了这个东方学院，改进一个师范学校。

但这个师范学校与他的性情也不相宜,同学对他不好,教师也使他讨厌,他自己曾说,有一个教师,常用粗暴的话问他,他以此为耻辱,因此对于他所发的问题,概置不答。全年之中,他都坐在一班的末座,不开口说一句话,只是自己在沉思着,在想解决许多人生的大问题。他说:"我还记着一个问题:如果我没有武器,将怎样去打败一个敌人。解决的方法就是如果我驯养了狮子,老虎和狗去开始战争,那么便容易得到胜利了。"

如此的一年过去了。到了年终考试时,他竟获到班中最高的分数。他的教师觉得很惊奇,以为一定有别的原因,便请学校当局复试。但复试的结果,他仍然保持他的原有的分数。

他既不喜欢这个师范学校,于是他的家人又把他送进孟加拉学院,一个英印的学校。虽然这个学校的学生和教师对他没有特别的恶感,但他仍然觉得它是一所监狱,一座病院。

他同时在家庭中研究生物学、生理学、物理学、几何学、历史、音乐及英国文学等。他所最不喜欢的就是英文。他的家庭教师,常常很热忱的使他明白英国文学的好处,但他常是置之不见不闻,教师从著名的英国诗人的作

第二章 童年时代

品里,引几段名句背诵给他听,他却笑了起来,使他的教师弄得脸红耳热,只好停止背诵。

但他在实际上决不是不喜学问的,他所不喜欢的是强迫的和规定的课程。他心中充满了诗的冲动。当他极少[①]的时候,即已醉心于诗歌。以后,则对于诗的兴味,一天一天的浓厚起来。

他最初学作诗,是由比他年纪大的一个侄子约底白鲁克僖(Jotiprokash)的鼓励。当泰戈尔七岁的时候,有一天正午,约底白鲁克僖突然的掖了他的手臂,引他进他的书房。对他说道:

"你有作诗没有?"

"我怎么会作?我还不知道怎样作。"

"我会教你的,我读过莎士比亚的《哈姆雷特》[②](*Hamlet*),虽然我不是一个诗人,但我觉得你的心情,如果好好的加以训练,必可以成一个大诗人。"

于是约底白鲁克僖便取了纸与笔,告诉他做十四缀音诗的方法。这就是泰戈尔第一次所受的作诗的方法。

当他在师范学校的时候,有一个教师,和他很好,知

---

① 意为"年少"。
② 原文为"韩梅雷特",下同。

道他是喜欢诗歌的,便常常地教给他作诗的方法。他或者代泰戈尔出一个题目,或者自己先写了一二行,然后再叫这十岁左右的学生接下去写。

虽然他自己曾说,他家里的人对于他都不大留意,他的嫂子尤阻碍他作诗的天才的发展,然而他的诗童的声誉,竟一天天高起来,他的诗才竟一天天发展起来,如趋下的清溪一样,路中的圆石是不能阻止它的东流的。

他的童年时代,便是如此。

他在一封信上曾说道:"我的幼童年代,已经不大记得。但我却很记得,常常的,在清晨的时候,我心上总不知不觉的泛溢着一种说不出的愉快。全个世界对于我似乎充满了神秘。每一天,我总拿了一根小竹棒,在那里掘土,想着我也许可以发现那些神秘的一个这个世界的一切美丽与甜蜜与芬芳,一切人民的走动,街上的唱声,鸢的鸣声,以及家园里的可可树,池边的榕树,水上的树影,清晨的花的香气——所有这一切,都使我感得有一个朦胧的认得的人物,幻化了这许多形态,以与我为伴。"

他又在一个别的地方说道:"当我回顾我童年的时候,这个总站在我记忆的前面,就是:人生与世界似乎是充满了神秘。我每天感到,并且想到,无论什么地方总有些不

第二章　童年时代

可臆测的东西，我之遇见他在什么时候也不能决定。似乎自然常紧握了她的手掌，向我问道：'告诉我，我手里有什么东西？'我永远不敢回答，因为无论什么东西，在那里都是有的。"

他的爱自然，爱自然的上帝的心，在这个童年时代已经具有了。

第三章

喜马拉雅山[1]

---

[1] 原文为"喜马拉耶山",下同。

第三章　喜马拉雅山

泰戈尔的父亲特平特拉那斯有一次到喜马拉雅山（Himalayas）去旅行，那时，大家忽惊传着俄国侵略的消息，许多人都以为喜马拉雅山的地方很危险。他母亲因为他父亲正在那里，心里十分的惊慌，但是他家里的许多人，却都不肯分担她的忧虑。她最后跑到这幼年的诗人那里，要他的帮助。她问道："你会写信到你父亲那里，告诉他俄国人的消息么？"他便动笔写这封信，这是他写给他父亲的第一封信。他不知信是应该怎样起首，怎样结束的，跑去问了一个人，才把它写成功。他父亲回了一封信给他。他叫他不要害怕；如果俄国人真个来了，他自己会把他们赶跑的。这些话并不能减少他母亲的忧虑，但在他心里，则以为父亲已经是没有危险了。自此以后，他便每天都想写信给他父亲。

隔了不久，他父亲从喜马拉雅山回家。全家换了一个样子。母亲自己到灶头上帮厨子的忙，他父亲久闭的房门口，也立了一个仆人，叫孩子们当他午睡时不要在房子外面吵闹。他们都轻轻地走着路，低声地耳语着，连向这房里一张望也不敢。

他这时候的功课，还是照旧，但他仍然是对于这些

规定的功课不感兴味。他常常自动的读许多他所读不大懂的东西,但读时虽不大懂,却能深深的使他感动。有一次,他大哥看见黑云突然的密集,口里背吟着几句卡利达(Kalitas)的《云的使命》。他这时候,连一句梵文[①](Sanscrit)也不懂,但他的大哥的歌声,却使他十分感动。还有一次,他得到一本有插图的《古玩铺》一书,这时,他的英文程度还很浅,他把这书全读完了,其中的文句,至少有十分之九是他所不懂的,但他却有一个朦胧的具体观念,读时十分感得兴趣。又有一次,他陪他父亲,坐了家艇到恒河上去。他父亲所带的书中,有一部约耶地瓦(Jayadeva)的《吉塔·戈文达》(Gita Govinda)。它的诗句不是分行写的,全书都如散文一样,接连的写下去。当他读到"黑夜走过寂寞的林屋"一句时,他心里感着一种隐约的美。他把那些诗句照音韵分开,把全书重抄了一过,给他自己读。这种工作使他得很大的快乐。然而他这时对于约耶地瓦所说的意义,实未完全明白。

依据他自己的这几个经验,他后来便发表一段对于教育的意见:

---

① 原文为"桑斯克里底文",下同。

第三章　喜马拉雅山

"教育的主要目的不在于解释意义，而在于敲打那心的门。如果我们问一个儿童，叫他叙说出在这样的敲门时，他心里所惊觉的是什么，他也许要说出些非常愚笨的话来。因为内部所发生的感觉是比他所能用言语表白的更为巨大的。"

有一天，他父亲叫他上楼，问他道："你愿意陪了我同到喜马拉雅山去么？"离开孟加拉学院而到喜马拉雅山去！当这个幼年诗人听见这句话时，他真是惊喜欲狂！他连忙应了一声"愿去！"于是他们不久便动身走了。

他们先到波浦尔①（Bolpur），住在他父亲为静修而建的"和平之院"（Shanti Niketan）里。他的外甥萨底亚曾到过这个地方，回来时告诉过他许多事情，并对他说，乘坐火车是个最危险的事，一不小心，滑下去就是死，又说，一个人一定要用全力坚坐在椅上，不然，车一开，大震动便会把人弹到外面去的。所以当他到加尔各答车站乘车时，心里非常害怕。到后来，他很容易的上了车，车开时又不见得有大震动，他心里反倒觉得有些失望。火车迅驰的前进。广漠的田畴，清碧的溪流，翠绿的树林，苍

---

① 原文为"鲍尔甫"，下同。

老的村居,都在他眼前飞奔而过,黄昏时,他们到了波浦尔。他在轿中,闭目想把途中的美景一一存留在心上。

在波浦尔的时候,他行动非常自由,他父亲并不禁止他的游散。沙地上有许多美丽的圆石,小溪在它们中间流过。他常在这个地方,收集了许多奇形的圆石,把衣袋都放满了,他把这许多收获,都取出给他父亲看,他父亲很热心的说道:

"真是有趣!你在什么地方得到这许多东西?"

"还有许多许多,几千几万呢!"他说道,"我每天去收集了许多来。"

他父亲说道:"很好!为什么不用这些石子装饰我的小山?"

所谓小山,乃是一个土堆,他父亲常坐在顶上做早祷的。

当他离开波浦尔时,他因为不能把那些圆石带走,心里还很觉得烦恼。

他在波浦尔所最喜欢读的书,乃是《罗摩衍那》。他常常坐在露天底下,带着沉挚的情感,在读着这本书。有时,他读到书中悲哀的地方竟哭起来,有时遇到可笑的地方,他又笑起来,读到冒险的地方,他又为书里的英雄着

第三章　喜马拉雅山

急。这时他又得到了一本日记,他常在这本日记上写他的童年的诗歌。他拿了这本日记在手里,便觉得自己是个诗人;他常坐在绿草上,在一株小的可可树底下,两只赤足伸直着,在那里写他的诗。

他父亲要使他练习注意,便放少数钱在他身边,叫他负保管及记账的责任,又叫他开他的金表。但其结果总是常常错。有一天账目上的款却比给他的钱还多。他父亲说道:"我真要叫你做我的会计,钱在你手里,似乎会变多起来!"至于表呢,不到几天便被送钟表铺里去修理去了。

他们离了波浦尔到阿姆利则①(Amritsar)去,在路上发生了一件意外的事。火车停在一个大站,查票员跑来验票。他很惊奇的看着这幼年的诗人,好像有些疑心。他走开了,又同了一个人来,看了一看又走了。最后站长自己跑来。他看了泰戈尔所执的半价票问道:

"这个孩子已经过十二岁么?"

他父亲回答道:"没有。"

那时他实在只有十一岁。但他的身体,也与他的诗才

---

① 原文为"安里闸尔",下同。

一样,都是早熟的;在别人看来,他的相貌实比年龄大。

站长说道:"你必须代他买一张全票。"

他父亲一句话也不说,从皮箧里取出一张数目很大的钞票交给那个站长。当他们把余钱找还他时,他随手把这些钱都掷到窗外去,说道:"我从没有一句谎话,尤其是对于钱。"站长立在那里,感得他自己的卑鄙。

阿姆利则的金色的寺院如在梦中似的,跑到他的眼前。有好几个早晨,他伴了他父亲到湖中的一个寺院去,杂在众人中祈祷。黄昏的时候,他父亲面对着花园坐着,月光从树叶中穿过来,映照在地上,他便为他父亲唱着祷歌。他父亲低着头,握着手,专诚的静听着。这种景象,他到现在还不会消融掉。

他父亲带了好几部书来教他读。最初选择出一本《富兰克林传》①(*The Life of Benjamin Franklin*)来,但不久他父亲便觉得不好。富兰克林是一个太职业化的人,他的狭隘的计算的道德,使教者引起厌倦的心。同时,他父亲又教他梵文读本第二册和《通俗天文学》。他有时察看他父亲带去给他自己读的书;这些书中,使他最注意的是一部

---

① 原文为"法兰克林",下同。

第三章　喜马拉雅山

有十册或十二册之多的吉本①（Gibbon）的《罗马史》。他觉得它是干燥无味的东西。他想道："我是一个小孩子，没有帮助的，读了许多书，是因为必须要读的。但是，一个大人，他本来可以随意的读书或不读书，为什么也是如此呢？"

他们在阿姆利则约住一月；到了四月的中旬，他们便动身到喜马拉雅山上去。在阿姆利则的最后几天里，泰戈尔心中已感觉到喜马拉雅的强大的呼唤之声了。

他们走上山坡。春花在路边岩隙中盛放着，瀑布在森林中挂下。泰戈尔的双眼几乎没有停视，他只恐怕把美景忽视了。他的心涨满了新的愉快。最后，他们住到一个山顶上。虽然气候已近五月，那里依然觉得寒冷：山峰的阴面，冬雪还不曾消融。在他们的房屋下面，有一座森林，这幼年的诗人，常常一个人跑到那里去。

他睡的房子在那所屋的尽端。他卧在床上，从窗中可以看见远处戴雪的高峰，在星光下面朦胧的耀着。有时，他在半睡半醒时，能够看见他父亲披了红的披肩，手里提着灯，轻轻的走过去，坐在游廊里入定。他又睡着一会。

---

① 原文为"琪彭"，下同。

他父亲便到他床边,推他起来,那时夜的黑色还未过去。这时是他记诵梵文的时间。太阳升了,吃了早晨,等他父亲做完祈祷,他们便出去散步。但他怎能和他父亲同走呢!许多大人且追他父亲不上。隔了一会,他便从山上的一道便道里回家了。等他父亲回来,他又读了一点钟英文。下午又要读书。但他早晨起身得太早了;到这时候,"睡眠"便来复仇。他父亲看他要睡,即停了不教。而那时"睡眠"却又飞走了。他取了棒子,到山上去乱跑。他父亲并不阻止他。这位"大哲"向来是不干预他儿子们的自由的。

泰戈尔常常由这个山峰跑到那个山峰,自然对于他显出千万的神秘。青碧无垠的天空覆盖在头上,银链似的瀑布从千丈的悬崖上倒挂下来,水声潺潺的响着,大树如祈祷者,静悄悄的立在那里,他这时便与岩石以及这一切大树瀑布为伴侣。他的心胸扩涨着,如河流之泛溢。

他这时并未忘了家。他常常对他父亲谈到家里的事。当家里的人一有信来,他便立刻拿给他父亲看。

他如此的伴他父亲在喜马拉雅的山峰上住了几个月,后来,他父亲叫一个仆人送他回家。他在这时期所受的他父亲的人格的感化与所得的自然的美景的赏赐,使他终生都印着痕迹。

第四章

加尔各答[①]与英国

[①] 原文为"加尔加答",下同。

第四章　加尔各答与英国

自从泰戈尔由喜马拉雅山回到加尔各答，他在家庭里的地位较前变了一个样子。他这次的归来，不仅是从旅行回家，而且是从他仆人的专制底下，回到他家的内室里去。当许多家人聚在他母亲室内时，他在他们当中已能占一好地位。黄昏时，家人都集在露台上，他是一个重要的发言者。以前，他在师范学校时，第一次在读本中知道太阳比地球大千百倍的事实，回家时，便惊喜的跑去告诉他母亲；现在他在这个黄昏的聚会中，又把他在喜马拉雅所学的天文学的知识，一一的都搬运出来。但最使他母亲喜欢的乃是他说到他已能背诵《罗摩衍那》的梵文的原本，她说道："快把《罗摩衍那》的原文背诵几节给我听！"但是他所读的原文的《罗摩衍那》实在只有在读本中的几节，且已记忆得不大清楚。但他这时在这种的热心于她儿子的天才的母亲前面，却又没有勇气说"我已经忘记了"，于是只好就所能记得的参以自己的话读出来。她的喜悦之心，一时按压不住，便叫了他的大哥哥来，说道："你听拉宾读原文的《罗摩衍那》，他读得真好！"泰戈尔便在他面前读了几句，但他大哥那时正忙于自己的著作，并不热心听着他，仅说了声"很好"，便转身走开了。

他自游了喜马拉雅山，及得到入内室的权利以后，对于学校的生活，更觉得不欲再继续下去。他想了种种方法，逃避入学。他的家人不得已，只得把他换了一个学校，从孟加拉学院转到圣泽维尔①（St.Xavier's），但结果也不见得好。他的兄弟们，这时对他都已失望，他的大姊有一天说道："我们都希望拉宾有成就；但我们的希望的幼芽，现在已遭摧折了。"这时，他家里还有一个家庭教师。他见泰戈尔对于规定的课程不感趣味，便为他解释《战神之生》及莎士比亚的《麦克白》②（Macbeth）。他初用孟加拉话解释《麦克白》给泰戈尔听，然后叫他把它译出来。他同时还自动的读了许多孟加拉的书和杂志，常在日记簿涂抹了许多诗句。他很想成一个诗人。他的诗才渐渐的发展，他的教师及几个家里的人，渐渐承认他的天才；他在家中便得了诗人的称号。这时有一个杂志新出版，他的诗歌第一次被刊登在上面；他的散文第一次出现时也是载在这个杂志里。他著作的心很热切，有许多夜，他不睡眠，一个人在房里的微光下读书，远寺的钟声铿然而鸣。夏夜月明如昼的时候，他便如幽灵似的，在花园中的树荫下或

---

① 原文为"圣史卡佛"，下同。
② 原文为"麦克伯"，下同。

第四章　加尔各答与英国

月光中走着。

当他十六岁时,他的一个兄弟创办了一种杂志,名《巴拉特》(Bharati),他大哥做了编辑,他也参与编辑部的事;在第一号里,他做了一篇评论及一首名《诗人的故事》的长诗。

《巴拉特》出版后的第二年,他的二哥想把他送到英国去留学。他父亲答应了他。于是泰戈尔便随了他二哥到艾哈迈达巴德[①](Ahmedabad);他的二嫂和侄子们这时在英国,所以他二哥在艾哈迈达巴德的房子是空着的。泰戈尔觉得他自己的英文程度不好,便常取了一本英文书依赖字典的帮助,逐渐的读下去。自他幼时,他读书已有不求甚解的习惯。这个习惯所收获的果实有好有坏;他到了现在还受着它的这种影响。

在艾哈迈达巴德住了六个月,泰戈尔便动身到英国去。他以一个十七岁的尚未与外界交际的儿童,投身入英国社会的大海中,心里自有些惶恐。幸而他的二嫂和侄子在布莱顿[②](Brighton),给他以不少的照应。

冬天到了。他们正坐在火炉旁边,孩子们忽然很激动

---

① 原文为"阿默达拔",下同。
② 原文为"白里顿",下同。

的跑进来说道:"下雪了,下雪了!"他们立刻跑出去。外面是异常的冷,地上满铺着白雪。这种自然是与他故乡的不同的。灰色的天空,洁白的雪,对于他都如一个梦境。

他的日子在快乐中过去。他二嫂待他很周到,他的两个侄子终日与他在一处游戏。这是他给他的心与小孩子的第一次。他心里充满了愉快与新鲜的感觉,他自己重与小童的天真的国土相接触。

这种境遇,不久便不能继续,因为他到英国来,目的在于学法律,成一个律师。他先进布莱顿的一个公共学校,后来又移到伦敦,住在一个宿舍里。每天有教师来教他拉丁文①。他的窗外,除了赤裸裸的脱叶的树以外,什么景色也没有。这种沉闷的生活,在泰戈尔是万难忍受的。

他的二嫂又叫他到德文郡②(Devonshire)去。那里有山有水,有汪洋的大海,有满缀小花的草地,有青翠的松林,还有二个可爱的活泼的小伴侣。他眼中所见的都有美,心里所有的都是快乐。他常常带了伞,坐在海滨的岩上;绿波无际,海涛澎湃,晴日在微笑,松林的影子静谧

---

① 原文为"腊丁文",下同。
② 原文为"台房萧",下同。

第四章　加尔各答与英国

的立着，他在写他的诗。

义务又来召唤他，使他不得不离了这里而回到伦敦去。这一次，他住在斯科特①（Dr.Scott）博士家里。斯科特夫人看待他如自己的儿子。

他在伦敦住了几个月，他有一个兄弟要回家，他的父亲叫他一同回去。他得到这个召命，心里十分高兴；故乡的光明，故乡的天空似乎都在静默的呼唤他。当他向斯科特夫人告别时，她握了他的手，哭着说道："你既然要走得这样快，为什么先前要来我们这里呢？"

---

① 原文为"史格得"，下同。

第五章
浪漫的少年时代

第五章　浪漫的少年时代

泰戈尔现在是一个十八岁的少年；他饮着青春的酒，他的热情，他的感触，奔驰而外放，他所见的仅是爱情与浪漫。同样的自然，同样的人民，同样的生活；然而现在对于他似乎都变了一个样子。他要知道，这是他自己变了呢，还是世界变了呢？不久，他便发现，他自己是先变，然后与他接触的世界也变了。他童年时代的神秘主义已经还给了森林与花与山与星。他现在已不是一个神秘者而是一个写实主义者了，有一个时期，他竟成了一个享乐主义者——穿着最好的时式的丝裳，吃着美食，做着叙爱情的抒情诗及其他文艺作品。

他和他家里的人，这时似乎都很隔膜。他在五十岁时，自己曾说道："我自十六岁至二十三岁的一个时期的生活是一个极端的放浪与不守规则的生活。"但他这时所做的抒情诗，却都是极好的诗。

> 我跑着，如香麝之在林影中跑，闻着他自己的芳香而发狂。
> 夜是五月的夜，风是南来的风，
> 我迷了路，我浪游着，我寻求我所不能得到的东西，我得到我所不寻求的东西。

我自己欲望的印象从我心里跑出来,在跳着舞。

熠耀的幻象闪过去。

我想把它紧紧的握住,它避开我,引我到迷路。

我寻求我所不能得到的东西,我得到我所不寻求的东西。

泰戈尔在这时候,正是"闻着他自己的芳香而发狂"的时候。他在《快乐的悲哀》里又写道:

"快乐睁开他的倦眼,长长的叹了一口气,说道:'我在这样的一个明月满地的夜里,仅有孤零零的一个人。'于是所有他的思想,都放在歌声中——我是怕孤寂的,我不见一个人来访问我——我是孤独的,我是孤独的。"

"我走近他,轻轻的问道:

"'你所希望的来安慰你的人是谁呀,快乐?'

"快乐开始哭了,他说道:

"'爱情,爱情,爱情,我的朋友。'

"快乐又接下去说道:'我愿意我死了,把我自己重生而为忧愁。'

"'你为什么这样的绝望,快乐?'我问道。

"'为什么,我是孤独的,孤独的,不见一个人来访问我。'

第五章　浪漫的少年时代

> "我问道:'你喜欢看见的是谁,你心里所爱慕的是谁呢,快乐?'
>
> "他的眼睛中又闪耀着泪点,他说道:
>
> "'爱情,爱情,我的朋友,仅是爱情。'"

快乐所要寻求的,正是他这时所要寻求的。

他是一个大哲学家,印度的精神的与爱国的领袖,一个歌者,一个戏剧家,一个编辑者,一个教育家。而超乎这一切,他却是一个爱的诗人(The Poet of Love)。爱情从他的心里灵魂里泛溢出来,幻化了种种的式样;母的爱,子的爱,妻的爱,夫的爱,情人的爱,爱国者的爱,自然的爱,上帝的爱,一切都在他的优美的诗歌里,曼声而恳挚的唱出来。他的歌声漾荡在天空之下,轻轻的触着人的心弦,深入的飞住在他们的心灵上,使他们快乐的笑着,脉搏几乎停止,眼里闪耀着泪珠。

他表白爱情,极为自然,因为他自己经历过一切爱情与生活的阶段。他经过爱的颤动,热情的奔流,失望的凄楚,默修的静谧。而在这少年时代所唱的恋歌,尤足以激动一切在沉醉在青春的梦里的少年的心灵。

他的这些恋歌,曾引起印度的许多道德家的反对,他

们联合而攻击这个少年的作家,他们怕泰戈尔的这些诗歌,要破坏印度的旧道德,即青年的人见他的甜蜜的恋歌,也有不少引起反感。有一次,当泰戈尔的歌声,已经换了他的调子,许多人都忘了他少年的浪漫,而敬仰他若大圣时,有一个人在一个学校的宿舍里,唱着泰戈尔的一首情诗:

"这里,我爱,这里来!走过我的这个乐园里,看我的花木在什么地方是美丽的开着,西风柔和的吹拂着,风中带着花的芬香。月光照着,一条银色的河,潺湲的流下林路。"

一个少年叫道:"你为什么唱这个淫词?"他告诉他说:"这是泰戈尔的诗。"他更觉得惊奇,直到把原文拿出来给他看时,他才默然无语。

像这种的误解,是常常要发生的;这些举动仅足见妄施讥弹者的无识,至于伟大的作者,则固如日月之中天,他们的光明决不是微风所能吹得熄的。

泰戈尔这时候是最自由的,他脱尽了他家庭的传袭的主见。他随意的写诗,随意的毁了它,因他这时的诗大概都不是在纸上而是在石板上写的;他不是为了博朋友的悦

第五章　浪漫的少年时代

乐而写诗，乃是如闲云之舒卷，流水之淙淙，完全为他自己的快乐而写的。他在《我的回忆》里曾说："石板似乎对我说道：'不要怕写你自己所喜欢写的，擦一下，就可以都拭去了。'我如此的写了一二首诗，毫不受拘束，我觉得极愉快。我心里在说道：'我所写的东西，终于成了我自己的了！'"在别一个地方他又有一段话提到这时的情况：

"在我做诗人的历史中，这个时期最使我留恋。从艺术方面看起来，《桑底亚·桑吉特》（*Sandhya Sangit*）也许没有什么特殊的价值，因为这一集里的诗都是未成熟的。它的文字与思想及韵律，都不能表白得确当。它的最好的功绩乃在能表现我的自由的、不受拘束的思想。所以，虽然在批评家看来毫没有价值，而在我看来，那快乐的价值却是无限量的。"

在诗的内容以外，泰戈尔这些情诗的韵律与风格也受了当时批评家的不少的攻击。他们以为泰戈尔的诗，把孟加拉固有的格律破坏了。但这种论调，现在也已销声匿影了。泰戈尔对于孟加拉文字之所以有大功，即在于他之引用了许多新的优美的韵律与新的活泼的形式。现在的许多孟加拉的少年诗人，差不多都是受了他的感动，而努力去模仿他的作风的。

泰戈尔很早的就成了一个著名的戏剧家。他家里的文艺空气很浓厚。他论著完了一本剧本,即可在家里聚了几个同嗜好的人把它实演起来,他自己也参与在他所著的剧中,当其中的人物之一。他最初在十四岁时即已著了一部歌剧,名《巴尔米基·柏拉底瓦》(Palmiki Prativa)。此后继续做了许多这一类的剧本。他们自己著作,他们自己歌唱,他们自己演做。在这种快乐的空气中,他度过了他的二十岁。有些戏剧批评家说,如果泰戈尔愿意到舞台上去,他一定可以成一个孟加拉的最伟大的伶人。

他从英国被他父亲叫回来后,许多人都以为他不能在英国学法律,是很可惜的事,都叫他父亲再送他到英国去。这个第二度的远行,果然不久便实现了。与他同行的是他家里的一个亲戚,但他们走到中途,又因事折回去了。法律的神似乎阻止他入门。

当他受批评家的种种攻击时,他得了一个很重要的朋友,使他鼓励起精神,不顾一切,迈步向前走去,在诗国中成就了许多伟大的高尚的功绩。这个人就是孟加拉最伟大的小说家却脱柏西亚(Bankim Chandra Chattopadhya)。他们第一次的遇见,在一个政治家、历史家与小说家杜特(Romesh Chandra Dutt)家里的结婚宴会里。杜特为

第五章 浪漫的少年时代

要向孟加拉最伟大的作家致他的敬意,特以一个花环套在却脱柏西亚的颈上。却脱柏西亚立刻把这花环从自己颈上脱下,把它放在泰戈尔的颈上,说道:"这个花环应该给他——你没有读过他的《桑底亚·桑吉特》么?"杜特道:"没有读过。"于是却脱柏西亚便举出这诗集里的许多好诗,极端的赞颂它们,这样的出于意外的荣誉,使泰戈尔眼中满含着快乐的感激的泪。他忘了所有从平庸的批评家那里受到的苦痛,认识了他自己的天才与地位。却脱柏西亚的这个荣典,对于泰戈尔实比诺贝尔奖(Nobel Prize)金更光耀万倍。

泰戈尔的少年期,虽曾如上所述,沉浸于肉感之中,高歌着恋情的调子,但他的精神的灵的感觉,究未完全在他心上拭去;他的心还时时的受这两个潮流的冲击。即在他受肉的感官的诱惑最甚的时候,灵的光明仍然还熠熠的在他心头里照耀着。

这两个肉的与灵的潮流的冲突的经过,在他的长诗《爱人在夜与在早晨时》里能够充分的表现出来。

第六章
变迁时代

第六章　变迁时代

泰戈尔的浪漫的少年生活，到了二十三岁时告了终止。他这时候正与一个女子结了婚。灵的感觉，渐渐的在心里占了优势。他渐渐的舍弃了他的清新的恋歌的调子，而从事于神的赞颂。可爱的神，已把他的面纱卸下了。

"清晨的时候，我在自由学校街上看日出。一层纱幕放开了，我所见一切的东西都清明起来。全部的景色是一部完美的音乐，一部神奇的韵律。街上的屋宇，儿童的游戏，一切都似是一个明澈的全体的一部分——不能表达的绚丽。这个幻景继续了七八天。每个人，即那些吵扰我的人，也都似失掉他们人格的外层墙界；我是充满了快乐，充满了爱，对于每一个人及每一最微小的东西……在自由学校街上的那天清晨是第一次给我以内在的幻景的事物之一，我想把它表白在我的诗里。从那时候起，我觉得这就是我生活的鹄的：表白出人生的充实，在它的美丽里，证明其为完整的。"

这就是他看见放下面纱后的神或自然的经过。

在这一天，他做了一首诗，名《泉的觉醒》，这首诗在艺术上虽不能算是极高，却足以极表显出泰戈尔的那时的内在的情绪与他的个性：

"我不知我的生命经历了这许多年以后,到今天怎么还会有这样的一种觉醒。我也不知道,在清晨的时候,太阳的真光怎么会射进我的心,或那晨鸟的音乐怎么会钻入我心房的黑暗的最深处。

"现在,我的全心身是觉醒了。我不能制御我心的愿望。看呀!全世界连基础都颤震着,峰与山纷乱的卓列着;带着水沫的波浪在愤怒的汹涌着,似乎要撕裂这个地球的心,以报禁制它自由的仇怨。大海受了朝阳之光的接触,表现着喧哗的狂乐,意欲吞没世界以求它自己的充满。

"呵,残酷的上帝!为什么你把大海也禁制住了?

"我——自由的我——将洒布温润于我的四周。我手里握着松散的发和鲜花,带着使日光为之朦胧的光彩,将附了虹霓的羽膀,从这个山游行到那个山,从这个星球游行到那个星球;或者我将变形为河流,然后从这一国流行到那一国,唱着我的使命,我的歌。

"不可解的事发生了,我的全心身为一种觉醒所苦,我听见大海在远处的呼声。是的,它的呼声!它的呼声!大海的呼声。然而,然而——在这个时候,为什么所有的墙都围绕了我!我的心仍旧听见那呼声在说着:

"'谁愿意来?谁愿意来?那些愿意来的,在冲破石墙的范围以后,在以爱情温润了坚刻的世界以后,在冲刷森林使

第六章 变迁时代

之成新绿以后,在使花朵盛放以后;在以你的生命的最后的呼吸安慰世界的碎心以后——如果那时谁愿意进到我的生命里,那么,来吧来吧。'

"我来,我来——他在什么地方,他的国土在什么地方?我不管,我将倾注我生命的最后的一滴水在这个世界上,我将唱着温柔的歌;而我的为热望所击的心也将以它的生命与远处大海的生命相合。于是我的歌声将终止了。

"但是又是堤障,堤障围绕在我的四周!这是怎样的一个可怕的监狱!让一下一下的击着,击破这监狱;因为今天晨鸟在唱着奇异的歌,太阳的真光也已射进我的心中。"

他的这个歌,虽然写完了,他的这个内在的幻景,却永不曾在他心上拭去。这种新的觉醒使他的情绪更为深挚,思想更为深刻,成了一个伟大的世界的诗人。

当这个新的觉醒的热情已冷了些时,泰戈尔又做了一首诗,记述他在这个时期里的生活的经过;这首诗名《复合》(*The Reunion*):

"自然母亲!在我孩童的时候,我常在你亲热的膝上游戏,且很快乐。后来,事情发生了,我飘游到外面去,飘游得离你更远更远了,我进了我少年之心的无垠荒野,而且迷

了路。没有太阳,没有月亮,没有星球,什么星都没有。包围在西麦林的(Cimmerian)黑暗中,那地方的秩序纷乱着;我是唯一的一个夜间的旅客。

"我弃了你在后,亲爱的自然!走进那荒野,消磨了许多许多不安舒无休息的时日。

"但是现在,一只小鸟已指示我出那荒野而到那无尽际的幸福之海的岸的道路了。

"花开着,鸟又在飞着,天空又和着四周的乐声而歌。生命的波浪四处起伏着,日光似在他们上面跳舞。

"和风吹拂着,光在四处微笑,无垠的天空在他们上面望着。我又看看我的四周,看望自然的神奇的表现。

"有的走近了我,有的称我为'友',有的要和我游戏,有的微笑,有的唱歌,有的来,有的去,呵,是怎样的一个不可表白的快乐的全景呀!

"自然母亲,我很明白,你在这许久以后,又寻着我,你的失去的孩子了。那就是你把我亲爱的抱在怀里,开始唱你的森严的富于和谐的音乐的原因;那就是和风向我吹来,再三的拥抱着我的原因;那就是天空异常的快乐,把他的清晨照在我的头上的原因;那就是从天平线的东门来的云片这样注意的凝视着我的脸的原因;那就是全宇宙再四的招呼我,把我的头埋藏在她的胸前,仅在她的胸前的原因。"

第六章　变迁时代

从这首诗里，我们可以十分明了泰戈尔对于自然母亲的情感是如何的亲切，并可见他对于他自己少年时代的浪漫行径是如何的悔恨。

但他对于自然的爱，虽如此的热烈，而对于人间的爱却并不因此减少。他并非遁世厌世的人，乃是入世爱世的人。在这里，他便与印度的古代的圣人绝对不同。乔答摩（Priwe Gautama）听见了自然的呼声，他即刻离了世界，弃了他一切所有的，成了遁世者，成了释迦；茶旦耶·狄孚（Chaitanya Dev）听见了这个呼声，他也离了他的爱母，离了他的妻与子而去修行。但泰戈尔听见了这个呼声，却使他对于世界更为接近；他的对于自然的爱，成熟而为对于千百万的被压迫的与被损害的人的爱。看他的下面的一首诗，便可以明白他的对于人间的爱恋与对于修行遁世者的反抗态度：

"中夜的时候，一个要做修行者说道：

"'现在是我弃了我的家而去，寻求上帝的时候了。唉，谁蛊惑了我，使我留住在这里这许久呢？'

"上帝微语道，'我'，但那个人的耳朵是被塞住了。他的妻子，躺在床的一边，和平的睡着；一个婴儿睡在她的胸前。

"那个人说道:'什么人愚弄我这许久呢?'

"那个声音又说道,'就是上帝',但他并不曾听见,

"婴儿在梦中哭起来,更紧的靠近于他的母亲。上帝命令道,'停止,愚人,不要离开你的家庭',但他仍旧没有听见。

"上帝叹了一口气,诉说道:'为什么我的仆役要飘游的去找我,去寻求我呢?'"

他的父亲大哲人特平特拉那斯·泰戈尔忙着解决第二世界的问题,但是他,诗人泰戈尔,却努力爱这地球,爱这地球上的人类,想合天与地而为一。

他之爱世界如一个守财奴之爱他的金钱。他甚至疑惑到天的给幸福于地上的生命的能力。他说道:"呵,我是怎样的爱这个世界呀!它静静的躺着。我觉得似乎拥抱了她和它的一切的绿树与鲜花,河流与平原,清晨与黄昏。我常常在诧异,天空它自己是否能给我们以所有的幸福,使我们在这个世界上快乐。天空怎么能给我们以所有的东西,如这种正在长成的人类的宝藏,这样充满着温柔,怯弱与爱情的么?……她似乎在我耳边微语道:'我是神的女儿,但我没有他的能力;我爱,但我不能保护;我能够开始,但我不能完成;我给人以生,但不能救之于死的手中。'这个无帮助,这个怯弱,这个不完全,与这个不能

第六章 变迁时代

与爱分离的消损的焦切之心,使我嫉妒天空,而我之爱世界因此更甚。"

在这个时候,泰戈尔已有三十岁左右了。他的人世间的经历愈深,他饮了人类的欢乐与哀悲的酒愈多,则他的对于上帝与自然与世界的情绪愈为沉挚深刻,他这时候所做的与以后所做的诗歌,所发的乐音虽然复杂,而他的琴弦却仅有一条,即上帝的爱。天上的日月与星辰,地上的绿树与花朵,都对着上帝述说他们的爱。有许多崇信上帝者读了他的歌,泪真在眼中溢出,还有许多祈祷者,在他们早祷、晚祷、午祷的时候,以他的诗歌当作赞美诗唱。

他的诗集《白拉摩·桑格特》(*Brabmo Sangits*)是这时所做的宗教诗的集子。这个集子出版时,他已成为孟加拉人崇敬的中心。批评家的箭头,已永不会再向他放射了。

他的英文的诗集《吉檀迦利》(*Gitanjali*),即系包含他所做的宗教诗的一部分的集子;当这诗集在英国出版时,不仅感动了以热忱介绍这诗集的诗人叶芝①(Yeats),且感动了全英国的人,全欧洲的人。北方的瑞典立刻将

---

① 原文为"夏芝",下同。

"世界诗人"的名誉供献给这个孟加拉的伟大的作家。这些宗教诗,不仅是达到泰戈尔的抒情的与灵的天才的最高峰,且实为世界文库中一种最希贵的诗的神秘的作品。

许多年以前,他的父亲曾读了他的一首儿童时所做的宗教诗而笑起来。这件事,泰戈尔到这时还不曾忘掉。但在这个时候,这个印度的大哲人似乎也受他的儿子的这些歌声所感动了。他忽然叫他的儿子到他住的地方来,要听他唱他所做的歌。于是他便唱道:

"我的眼不能见你,然你却常常在我眼前。我的心不能感到你,然在沉默中,你却使我觉到你永远都在那里。……

"没有朋友的人与被弃的人都能常常觉得你,觉到你的爱。即那无家的飘泊者也可以在你为我们全体而建的一所屋里住着而得到安慰。"

他的父亲听完了这首诗,便带颤动的声音感动的说道:"歌是超绝的,我已认识了你的天才。"于是这老人便给了他儿子一束纸。诗人泰戈尔解开这些纸,得到一张五百卢比的钞票。这就是他因他的诗歌得到的第一次的"诺贝尔奖金"。

第七章
旅居西莱达时代

第七章　旅居西莱达时代

诗人泰戈尔的长兄特威琴特拉那斯，是一个大哲学家，前面已经提过。他对于实际的事务方面，毫不注意。他父亲叫他去管理他的乡间的产业，他到了那个地方不久，立刻便觉察出农民的穷苦。许多农民都跑来诉说他们的苦处。这位哲学家受了很深的感动，便打了一个电报给他父亲，叫他寄钱来帮助穷苦的农民。他父亲以为一个良好的管理员，必须使地主与农民各能满足。所以他把特威琴特拉那斯叫回来，换了他最小的孩子，诗人泰戈尔去管理这些产业。

这位少年诗人，管理这些产业的时间很久。他常常住在一只家艇里，泛泊在帕德玛①（Padma）河，及它的支流上面，与自然密切的接触着。他对于自然的各方面，都观察、研究、恋念、爱惜。下面的两封信是他从西莱达写的，叙述他那时的在家艇里的生活及他对于帕德玛河的爱恋极详：

"我现住在我的家艇里。这里我做了我自己及我时间的超绝的主人。那只家艇如我的旧大衫一样——异常的舒服。

---

① 原文为"柏特玛"，下同。

我在这里,喜欢怎样想便怎样想,且随着我自己的心意去幻想,要读多少书,做多少文字也随我的喜欢做去。我坐椅上,足放在桌上,我的心灵,沉泛在这天色斑丽、光明晕照的暇日里……实在的,我非常亲爱这个帕德玛河,它是怎样的荒芜,怎样的旷远无垠。我觉得如骑在它的背上,爱恋的在拍着它的头颈。……我不再愿意在众群舞台的足灯之前做一个角色。我倒愿意在我们住在这里时的所有的明亮的时日里,于沉默孤寂中,尽我的责任。这里的人并不特别注意,但自然却伟大而庄严。……当我在乡路间走着时,我把人也当作自然之一物了。河水流经许多奇异的地域,人道的水流也是如此,它从它的各支流里流着,经过浓密的森林,寂寞的草地。繁华的城市,常伴以它的神乐。让河流唱道,'人时来,人时去,但我则永远流着'是不对的,因为人也是永远循着他的千百支流永远的走着的。他的一端连在生之根里,而其另一端则入死之海里——而全部则被包围在神秘的黑暗中:在这两个极端中间,躺着生命、劳动与爱情。

"我在没有旅游帕德玛河之前,很怕因为常常相伴之故,我对于它不能觉得有趣味。但当我一浮泛在河上时,我的一切疑虑都消失了。水波汩汩,船身微荡,天空光洁,柔绿的水灞莽,河岸上树林的枝叶新鲜——颜色,音乐,跳舞,及美丽集合而使自然的高超的和谐,照耀着光彩。所有这一切

第七章　旅居西莱达时代

在我心里惊醒了一种敏锐的趣味与沉挚的愉快。"

这个恒河之女及它的两岸的广漠平原的影响，都反映在泰戈尔所有的以后的著作里。他在这里，使他的"黄色孟加拉"穿上了理想的衣衫，且给他以在生命的真实里的无限之前的一种深沉的意义，他在一封信里，曾说起他对于孟加拉的恋爱：

"每天晚浴之后，我必沿河走了许多路。然后我便在我的舢板上设了一个床，我的背平躺在床上，在黄昏的沉静的黑暗中，我自问道：'我来生还能够生在这样的多星之天的底下么？我来生还能够这样的躺在一只舢板上，在我们的黄金孟加拉的哥拉河上么？'我常常怕我也许永远不能再有机会在这样的一个黄昏里愉乐着。我也许会生在别一种环境里，心灵的感觉，与现在完全不同。我也许能遇到这样的一到黄昏。但这个黄昏也许已不会这样亲热的躺在我的胸前，以它的松散的黑发蔽盖着我了。我最怕我将来会生到欧洲去，因为在那个地方，我将不能这样的躺着，以我的全身体全灵魂都向上望着。在那个地方，我也许要在工厂、银行或国会里作苦工。因欧洲城市里的街道都是用坚石、砖头及水门汀铺设，便于商业及运输，所以人的心变了坚硬，而最适于商业。

在他们的坚石所筑的心里，决无丝毫的空地以植柔美的藤蔓，或一叶的无实用的绿草。"

他如此爱恋孟加拉，如此的亲切的抚摩着孟加拉的绿河与青山与多星的天，闲暇而自由的生活，使他唱出一首超绝的"黄金孟加拉"的歌：

"我爱你，我的黄金孟加拉，因为你的天空和你的空气常拨动我心的弦。

"春天的时候，你的檬果树呼吸出花朵的狂香，秋天的时候，你的已收获的田野，在享用的祝福里微笑着。亲爱的母亲！呵，你的爱，以如此华丽的装饰，衣被了河的两岸，树的荫影，你的爱真是不可表白的温柔呀。母亲，你的唇的呼吸接触着，没有什么东西在我耳朵里比之它更为甜蜜。当我注意到你脸上最少的至情的痕迹时，我的眼睛里即浮泛着泪水。我童年的时候，曾在你的游戏室里娱乐过，现在，当我一接触到你的尘土的微粒时，我便觉得幸福。

"黄昏的时候灯火在室内亮着，我放下我的工作与游戏，跑到你的亲爱的膝上来。在乡村中，家牛和善的凝视着到渡口的沿路的田野，鸟儿快乐的在枝头歌唱着。——树枝投射它们的阴影，以慰安日中的灼热，天井里照耀着割来的谷

第七章　旅居西莱达时代

稻的堆束，我度过我生命的日子，觉得和你的牧童及农民是兄弟。

"母亲，我虔敬的低下我的头，沉在你的足的尘土中，我见到他们比见到金钢石及翡翠的尘土还要宝贵；我预备供献我所有的一切，在你足下。"

当印度的新的国民运动开始之后，泰戈尔的这首诗曾时时的被他们带着新的热忱歌唱着。

当这个时候，泰戈尔见到真可算是沉醉在自然的慰爱中的了，但同时他又开始尝到人世的悲苦，这便是他与农民接触的时候。他在农村中，见到了许多的专诚朴质的农民，深受他们的纯朴的精神与虔心的理想主义的感动，常常给他们以物质上的帮忙；正直而慈悯的管理他们。他自己又研究起家庭药学，帮助他们有病的人，无论日夜，一闻有人病了，他便带了药具，自己去看望他们，给他们以药。因此，他与农民的接触愈为密切。然而他们的疾苦与无助更使他在睡梦中都觉得不安。在下面他的一封信里，足以表白他的对于农民的同情。

"当我对印度农民观察时，我心里觉到忧愁。他们是如

此的无助,好像是地球母亲的婴儿们。她如果不用自己的手去喂养他们,他们便要挨饿了。当她的胸干燥时,他们便号哭着;如果他们得到一点东西吃,他们便又立刻忘了一切过去的苦恼了。我不十分知道社会主义者要求财产的分配究竟是否可能。但是,它如果是绝对不可实现的,那么,上帝的法律真是残酷,人类真是无助的不幸的了。如果忧愁要住在这个世界上,让它住着吧,但必须有几线可能的光明,使人的更高尚的天性,可以奋斗,可以希望,而将这样的情形改进。有些人述说一种极残虐的理想,以为在人类之中,要求生活需要分配的可能,实是一种梦想;又说,有些人是命运注定了要饿死而无可救药的。这至少也可以说是一种残酷的理想。"

他在一八九三年七月四日,从他们家艇中写了一封信,这信也足以看出他的对于农人世界的苦闷的感觉:"这里有大水。农民割了未熟的稻,用船载回家去。我听见他们的叹息与忧愁的诉说。当这次水灾来时,稻田都快要成熟了。不幸的农民所希望的,不过是能有几粒好谷在谷堆里而已。"

"在宇宙的工作里,慈悲必定有在什么地方,不然我们怎么能够得到它呢?但去寻它的寄托的地点却极不容易。几千万无辜的不幸的男女的怨郁,没有高级法庭可以

第七章　旅居西莱达时代

告诉。雨随着它的喜欢落下，江河随它的愿意而流去，没有人能够从自然那里恳求及得到挽回。我们安慰我们的心说，这问题是在意想以外的。——然而我们却同样的体验到在造物的难测的法律上还有些慈悲和公平。"

他如此的与农民亲切的同住着，又把财产征收的方法改革过，成绩较他的大哥大有进步。农民爱戴他，恋念他，收税的人也受了他的道德的感化，贿赂已成了过去的东西。几年以前，泰戈尔手下的一个收税人，私自受了一个卢比的贿赂，他立刻觉得十分的不安，向泰戈尔忏悔自己的行为；泰戈尔也并不追究他。

泰戈尔对于农民的恩惠与同情，及他的想改善农民生活的企图，在农民方面固然十分的感激他，使他的名字深深的占领在他们的心里，然而这个地方的英国官吏却也深深的生了嫉妒及猜疑之心，时常以种种的方法阻碍防止他，正如前几年他因为为他的学校聘请了一个爱国诗人做教师而大受印度总督的猜忌一样。

在西莱达的许多年里，泰戈尔的文学的收获很富丰。他的大部分的短篇小说都是在这个地方写的，他的诗歌在这时也出产了不少。

第八章
泰戈尔的妇人论

第八章　泰戈尔的妇人论

泰戈尔帮助了他父亲做了许多关于社会、宗教及政治的改革的工作。他对于用教育来提高印度妇人的地位的事业，尤为注意。他绝对不相信妇人的劣等说。他表同情于孔德（Comte）的话："无论男或女性，都有其他一性所无的东西，每一性补足其他一性，也受其他一性的补足；他们没有相同之处，两性的幸福与完美即在于此性要求或领受彼性所仅能给与的东西。"

在近代女权运动未发生之前，他已有一种公平的主张。他虽然不大相信妇女参政，但他却以为：如果男子在政治上能尽他们的责任，女子即完全没有选举权也不要紧。但是当男子不能实行他们的义务，不能正常的统治时，则女子出来要求选举权实是公平的举动。在二十几年以前，他有一封信，讲述他的妇人论甚详：

> "我想了一会之后，得到一个结论：在男子的生活里没有那为妇人生活的特质的充实，妇人的言语、衣服、态度与责任，都是一种统一的继续。这个主要的原因，乃在于许多年代以来的自然，已经决定她们的活动的范围。这些时候内，在文明的理想上，并没有什么变迁、革命或转移，足以引导

妇人离开她们的继续的路的。她们所有的事是工作、恋爱、安慰，再没有别的事了。这些功用的技能与美丽，愉妙的混在她们的形体、她们的言语及她们的举止上。她们的活动的范围，和她们的天性已互相合在一起，如花朵及它的芬香一样。所以充溢于她们之中的只有和谐。

"男子的生活便有许多不安定的地方了。他们经历各种的变迁与工作的过程的记号，是很显著的印在他们的形体与天性上的。前额的异常突起，鼻部的丑异的耸出，颔骨的不美的发达，在男子是很普通的，在妇人则不然。如果男子这许多年代以来，都沿了一条路走去，如果他被训练去做同一的工作，那么，男子便会有一个范式发生了，他的天性与工作，也会包笼在和谐之中了。在那种情形里，他们便不会去这样辛苦地思想着、奋斗着以完成他们的责任了。各种事件都会非常平顺而美丽的做去了。于是他们便发达了一种天性，他们的心灵也不会以最少可能的激怒，而即飘游开责任的路了。

"自然母亲铸造妇人于一个范式里。男人则没有这种原始的束缚，所以他不向一个中心观念而发展他的充实。他的歧异的不驯的热欲与情绪，站在他的和谐的发展的路上。韵律的束缚是诗歌的美的原因，同样的，定律的音韵的束缚也是妇人的所有的充实与美丽的原因。男子像不联络的怪异的散文一样，毫不和谐，毫不美丽。那便是诗人常以歌声、诗、

第八章　泰戈尔的妇人论

> 花与河水来比妇人的原因；他们永不会想到以这些东西来比男子。妇人如自然界里的最美丽的东西一样，是联合的，是平均发展的……是受美好的束缚的。没有怀疑，没有相违的思想，没有专门的辩难，能够破坏一个妇人的有韵律的生活。妇人是完善的。"

东方与西方的妇人的地位的高低，是常引起辩论的一个题目。基督教里的人不明白印度社会组织的精神，他们以为印度妇人的命运是很悲惨的。印度的守旧者，则毫不明了印度以外的世界的情形，以为印度妇人的生活是极幸福的。但是泰戈尔则不然，他对于两种社会的情形都很熟悉，他看出两方的妇人都有好处与坏处，唯有施以适当的教育，才能矫正那些坏处而发展那些好处。他以为欧洲文明的进步，适足陷妇人于日益不幸的地位。男子受生活的压迫，都不愿意有家庭的负担，孩子一长成，便也立刻离开他母亲而不一反顾。所以西方的妇人，不得不违反她们的天性，到社会里去求工作，求生存。泰戈尔以为这个社会和谐的破裂即欧洲妇人所以要求男女平权的主因。妇人既不欲在家庭，于是欧洲的家庭便渐渐的消灭，而旅馆则日见其增加。男子以马、以狗、以枪、以烟管、以游荡

为娱乐,所有他们工作的钱,都耗在自己身上,而妇人的和谐生活,渐渐的被其破坏,她们对于这种生活环境的变迁,显然的还未十分习惯。其结果则为不安与艰苦。至于印度妇人则不然。她们使印度的家庭微笑着温柔、甜蜜与爱情。男子和治家的女子,住在一起觉得快乐,女子们也永不曾诉过苦。英国人在理想中,以为印度妇人是极苦的。泰戈尔以为这种思想正如水中的鱼类,以人类在陆地上的生活为不好,而欲发慈悲之心,引人类到海的深处去。英国人看见印度人的朴质生活,看见他们的小屋、他们的粗木的器具、油的土灯、绳结的床、棕叶的扇子,总悲悯他们的生活,总以为印度的妇人是男子的奴隶。然而在实际上,印度的男子与妇人的生活是一模一样的。他们虽没有沙发,没有美丽的舒适的家具,但他们却相信着。他们喜欢爱情与家庭生活较甚于一切物质上的享乐。至于西欧的人,则喜欢生活的快乐与家具,似乎较家庭与爱情为尤重。

他的关于女性的哲学,在他的诗剧《齐德拉》(*Chitra*)里,发挥得很详细。

第九章
国家主义与世界主义

第九章　国家主义与世界主义

　　泰戈尔父亲的一个孟加拉的朋友，偶然写了一封英文的信给他。这位大哲人，把原信退了回去，并不回答他。为什么一个孟加拉人写信给孟加拉人，要用英文写呢？这就是国家主义。泰戈尔自幼即受了这种爱印度与印度文化的教育。在少年的时代，他和几个爱国的朋友，常常秘密的集会在一处，闭了门，低声的谈着，讨论印度的实业与政治的改革方法。他因为要养成勇敢的精神，常出去打猎，故意去做劳苦的事。他写了许多崇颂爱国的与自己牺牲的诗。当他的兄弟约特林特拉那斯（Gyotridranath）组织了一个轮船公司，与英国的一个公司竞争时，泰戈尔曾极热忱的帮忙过他。他出去讲演组织的重要，宣传国家主义的福音。当他相信着"一国的诗歌、绘画及音乐灭亡时便是这个国家的灭亡"的话时，他便专心去做一个诗人以重兴印度。

　　泰戈尔诚然是一个印度的国家主义的诗人。如果突然的有了一场天灾，把泰戈尔所有的哲理深邃的论文，所有的专门的历史的解释，所有的激动心灵的短篇小说，所有的有力的比譬的戏曲，所有的布局谨严的长篇小说，所有美丽动人的抒情歌谣，一切都毁灭了，而住在印度的人，

仍然会记起这个大诗人的,因为他的国歌使印度人的口永远不会忘记了他们。他的国歌,具有印度生活的不朽的印记。印度的名称,存在一天,他们即有一天的影响。

欧洲的史诗与抒情诗是不常深住于群众的心中的,印度则不然,他们的诗歌,大概多以口相传的。所以泰戈尔的爱国诗歌,几乎没有一处不在唱着。清晨的时候,朝阳耀着它的金色的光采,便有许多人在路上唱着这些歌,唤人醒来,加入对于神与祖国的祈祷。午潮满涨的时候,牧童在榕树的四布绿影底下游戏,他们也对着他们自己,对着枝上的鸟、田野中的牛唱着这些诗歌。当印度的景色浴在落日的淡光中时,船夫向下游驶去,农夫肩锄回家,——他们又都在唱着泰戈尔的这些国歌。他们在国家的国会与会议里唱着,在王子的宫中,乞丐的口中唱着,在结婚时与祈祷时唱着。

有些批评家以为泰戈尔的国歌未免太软弱了,似仅适宜于印度的现在的应用。这是实在的,他没有火焰一般的热力,没有瀑布一般的涌涛;这也是实在的,他的国歌所能引起的仅是较柔和的情绪,没有钢锐强毅的反抗精神。然而印度的精神原是退让的。当他们唱道:"你的祖国在竞斗着,在受苦着,唉!她在饥饿着,仅有肯尽责任的儿子

第九章　国家主义与世界主义

才能解母亲的忧呀!"其影响实较唱"醒来，快起来，战胜，而且把压迫者的暴力冲到地下去"为更大。泰戈尔的国歌即是具有前者的精神的。他把祖国理想化了，他用许多种的方法来说明她，在读者的心中起了许多种的热情。他叙她的金浪起伏的稻田，她的微笑而芬芳的花朵，歌唱着的鸟，潺湲着的溪流，以及尖耸的山峰，甜蜜的家庭，而笼罩以热情的爱感。他唱道：

> "我的祖国，我对你供献了我的身体，我为你牺牲了我的生命，我为你而哭泣；我的音乐也将唱歌着为你而祈祷。
>
> "虽然我的臂腕无助而且无力，而它们仍将为你，仅仅为你的原故，而去做事；虽然我的刀不庄严地污锈了，而它也仍将斩断束缚你的链子的，我的甜蜜的母亲。"

有几任的英国的印度总督，想摧残孟加拉的爱国运动的精神，采用了俄国式的告密及审判制度。泰戈尔的歌鼓励起爱国者的精神。他的歌感发青年人的灵感，使他们为祖国而受苦，而牺牲，而微笑的走上断头台，有一个印度的爱国者，当他受死刑时，他口中还唱泰戈尔的下面的歌：

"兄弟,不要灰心,因为上帝并不曾在睡。

绳结愈紧,你的受束缚的时期也将愈短。

咆哮之声愈高,你也得愈快的从你的酣睡中醒来。

压迫的打击愈厉,他们的旗帜也将愈快的与他接吻。

不要灰心,兄弟,因为上帝并不曾在睡。"

当印度的青年爱国者为了爱国之故,受尽了各方面——他们的朋友、亲戚,甚至他们自己的父母——的压迫与嫉视时,他们又在泰戈尔的《跟随着光明》的那首歌里,得到了鼓励与感发的甘泉:

"如果没有人响应你的呼声,那么独自的,独自的走去吧?如果大家都害怕着,没有人愿意和你说话,那么,你这不幸者呀!且对你自己去诉说你自己的忧愁吧;如果你在荒野中旅行着,大家都踩躏你,反对你,不要去理会他们,你尽管踏在荆棘上,以你自己的血来浴你的足,自己走着去。如果在风雨之夜,你仍旧不能找到一个人为你执灯,而他们仍旧全都闭了门不容你,请不要在心,颠沛艰苦的爱国者呀,你且从你的胸旁取出一根肋骨,用电的火把它点亮了,然后,跟随着那光明,跟随着那光明。"

第九章　国家主义与世界主义

还有两首为祖国而祈祷的诗,也引起许多人的热情:

"其使我国的土地与江川、空气与果实成为甜蜜的,我的神。

"其使我国的家庭与市场、森林与田野都充实着,我的神。

"其使我国的允诺与希望、行动与谈话成为真实的,我的神。

"其使我国的男女的生命与心灵成为一个,我的神。"

"彼处心是不恐惧的,头是高抬着的;

"彼处知识是自由的;

"彼处世界是不被狭窄的局部的墙,隔成片片的;

"彼处言语是由真理的深处说出来的;

"彼处不倦不疲的努力,延长手臂以达于'完全';

"彼处真理的清澈的川流是不会失路而流入'死的习惯'的寂寞的沙漠上的;

"彼处心灵是被你导引而向于'永久广大'的思想与行动的——

"我的天父,其使我国警醒起来,入于那个自由的天国里。"

泰戈尔之所以宣传着、呼喊着，要求大家努力以取得的即是那个自由的天国。"朋友们，现在已不是睡梦的时候了，合力工作的时间已到"；"如果你希望生活，且在这个世界上命令尊敬，第一先要预备为你的祖国牺牲你的生命。"

他的爱国的诗歌，所孕蓄着的是爱恋，是鼓励，是牺牲的精神，但却丝毫没有愤怒、嫉妒，或厌憎世界上任何人的暗示。这是他与一切标榜"铁与血"的激进的爱国者不同之处。因此许多人多反对他的主张，更激烈些的，则常常的骂他。有一个在美国的印度留学生曾说道："我不高兴见泰戈尔的脸，我不欲走过街与他相见。即一个贩卖印度货的不识字的商人，为了要虚价而入狱者，也比这个大诗人高等些——他实是一个道德的懦怯者，食了自己的话，然后去休息。"然而深知他的人，却很原谅他，知道对于上帝的爱与祖国的爱，是他的生命里的两个主要的特色。上帝是他永久的伴侣，祖国则是他常常想到的目的物。不过，他并不是一个浅窄的印度的国家主义者，而是一个世界的国家主义者——个世界的人道主义者罢了。他的世界主义是已达了"完善"之巅的。他是

第九章　国家主义与世界主义

一个二十世纪的理想者，相信人类的一体，因其分而益显其繁富。他以为人类是超乎一切国家之上的。国家的、种族的各种分子，以及他们在人类社会里的合作是宇宙和谐的发展的要着：正如人体的各类机关，他们的区分与合作，为人的康健的发展的要素一样。他想，玫瑰花的使命在于开放花瓣以互相分别，同样的，人类的玫瑰的美丽也因不同的国家与种族之达到他们的最完全的特质之点，同时又以爱情的带附着于人类的干上而达到完全之境。那就是东与西的生活所以不同，东与西的使命所以不同，而他们的最后目的又是相同的缘故。他有一次在英国人与爱尔兰人联合欢迎他的宴席上说道："虽然我们的言语不同，我们的习惯不同，而在根底上，我们的心是一个。……东是东，西是西，但这二子必相遇于友爱、和平与互相了解之中；他们的遇合且将因他们的不同而更为有效果；它必会导引这二子在人类的公共祭坛之前行神圣的结婚礼。"

第十章
和平之院

第十章　和平之院

泰戈尔在一九〇七年时，即与实际的政治与政治运动断绝关系。远在这个时候以前，他的内心里，感到一种变迁的光，这个变迁要求因印度的再造而为更完满的牺牲。他不注意于政治、经济及其他，而欲用教育的改造为印度改造的基础。充满了自由与爱的教育不仅能发展智力与道德，而且能造成一个精神的人。他最反对强迫的注入式的教育；他以为教育的全步程，应该愈简易愈自然愈好，务使儿童受最少的痛苦。为要实现他的主张，他便在波浦尔办了一个学校，校址即为以前他的父亲用来静修的和平之院。经济与社会的批评，当为他的计划的阻碍，但他的父亲却很帮助他。他的精神也极坚定，决不因外界的影响而自馁。一九二四年，这个学校便开始成立，最初仅有三四个学生。泰戈尔自己的儿子是第一个入学的人。他自己有关于这个学校的一段话：

"我为了要复现我们古代教育制度的精神，决定创办一个学校，学生在那里能够在生命里感觉到一个比现实的满足更高尚更光荣的东西——熟悉生命它自己。我想把小孩子们的奢侈除去，使他们复返于朴质。所以因此之故，我们

的学校里,没有班次,也没有凳子。我们的小孩子们,在树下铺了席子,在那里读书;他们的生活,力求其简单。这个学校建立在大平原里的大原因之一,即在于要远远的离开了城市生活,但在这一层以外,我更要看孩子们与树木一同生长;因此两者的生长之中有了一种和谐。在城市里看不见什么树,他们是为城墙所限禁。城墙不会生长,石块与砖头的死重压抑了儿童天性里的自然的快乐。

"我在学校里,并不曾得到最好一类的孩子。社会看这个学校为一个刑罚的住所,大部分的学生都是因父亲不能管束,才把他们送到这里来。"

然而因泰戈尔与他的合作者的爱感与看护,这个学校的学生学业的与性格的成绩却都很好。英国与印度人办的学校,须八年才能预备好的课程,在和平之院只要六年就可以够了。

这个学校的日程与别的学校完全不同。学生们和教员们在清晨四点三十分时即须起床。他们自己把床整理好,全体跑出来,唱着歌,祈祷万有之主。栖息在树枝上头的鸟儿们,被惊醒了,也加入他们的歌队里而合唱着。沐浴以后,他们穿了白丝袍,坐下去,自己静修着,祈祷着。

第十章 和平之院

然后吃早餐,吃的是牛乳、米粥或其他清淡的食物。课程的开始是七点三十分。学生们铺了自己的席子在树下,坐在上面,书本是没有的,无论授文学、历史或地理都是如此。仅在教授实验科学时,他们才有物理或化学的试验室。功课都用口授,太阳暖暖的晒着,微风送来花的芬香,绿叶合了教者的音乐而簌簌的响着。每一个教员,一班至多不能教过于十个的学生。有的时候,一班只有一个学生。所谓班次也并不固定。如果有一个英文程度高的学生,他上英文课时可以随了别的高级生同上,他的算学及其他功课,则仍在自己班里上。十点三十分时,功课已上了三点钟,学生们随意唱歌。隔了一会,学生们与教员们又去沐浴。有的到溪流里去,或在那里游泳,有的跑到井边,大的学生带小的学生汲水、穿衣服,如一个母亲一样。沐浴后,又唱赞美诗祈祷上帝。午饭的时间是十一点三十分。所吃的是米饭、青菜、牛油及牛乳。饭后,小孩子们便在图书馆里看书、看杂志或研究自己的功课,或做其他自己所喜欢做的事。二点钟时,各班又在树下开始授课。教员们授课时不能用木棒或其他的身体的刑罚。四点钟时,功课已毕。他们便都在运动场上踢足球、打网球及各种游戏。他们的体育,也和他的学业一样,胜过其他一

切学校。他们的足球队曾打败了加尔各答许多别的球队,他们的兵操也能与陆军学校里的最好的学生相比肩。又使他们能忍耐寒热;热天叫他们在太阳下面跑了好几里路,冷天也在屋外,除了疾病的时候以外,都不穿鞋袜。有的时候,他们一次能走到二十几英里的路。这种斯巴达式的(Spartan)练习,使和平之院里的儿童,身体都非常康健。

许多和平之院里的较大的儿童,受了泰戈尔的影响,常常跑到邻村去,救济穷苦的居民。他们假装要演戏法,召集了许多人在空地上。后来,他们停止了戏法,开始以兄弟的精神向他们讲演。所得的影响极为伟大。他们为村中的小孩子们创设了日校与夜校。当村人疾病的时候,他们看护他们如亲人。他们专心一意地为村人谋幸福;在炎热的夏天,他们如苦力似的,为村人建筑住屋,这种精神,是泰戈尔所希望养成的。他希望他的学生,能在生活里合印度的精神的趋向与西欧的社会服务的精神而为一。

游戏毕,学生们又沐浴过,穿上他们的白丝袍,约有三十分钟,在那里祈祷及静修,然后去吃晚餐。在和平之院里,大家都是严格的持素食主义的。泰戈尔的父亲绝对

第十章　和平之院

不欲在波浦尔住的人，饮酒、食肉，或其他扰乱和平之院的神圣的和谐的举动。晚餐后，学生与教师们联合做各种智慧上的娱乐。

泰戈尔与印度的习惯相反，他的学校里很注重音乐。他爱音乐，相信它的高尚的影响。音乐班在晚上召集起来，他们唱着，以各种乐器和着。所以这个学校里产生了几个第一等的歌者与音乐家。他们又有一个戏剧团，有时便演泰戈尔作的剧本，他自己教导那些孩子们，有时且自己加入演剧者之列。

他们在夜间又编辑他们的报纸，全校中共有四种的报纸，全都是用手来写，用手米作图的。他们所作的，有的是诗歌，有的是文学评论。

一天的工作完了，在九点至十点之间，他们便去睡觉。

泰戈尔他自己住在一间屋里。晨钟一响，他便起来，有时且在钟声未动之前起来，早浴后，坐下静修了好几点钟。他在这个屋内，常常自己做饭，所吃的极为简单。他有时出去散步，且很喜欢园艺的事。简朴的生活，高尚的思想，这两句话可以写尽他在波浦尔生活的情形。他在一个星期总有两次对学生及教师们讲演。他极爱那些小孩子。有的时候，有一二个孩子偷偷的跑进他的屋里，看他

微笑着,摇着头,在写一首诗。有一次,这样偷进去看的一个孩子突然叫道:"简直像一个疯子。"泰戈尔答道:"是的,我的孩子,诗人是比疯子更坏的。你什么时候跑进这屋里呢?"

有一个六岁的孩子,坐在泰戈尔的膝上,弄着他的胡子。这孩子说道:"你做了那么多的诗,为什么不教我做诗呢?"泰戈尔答道:"我的孩子,诗歌的负担是异常之重的,我不欲使你有这种负担。"那孩子说道:"是的,我自己会去学做,他们似乎都很喜欢你的诗,虽然你是担负重一点。"现在这个孩子有十余岁,已能够用孟加拉文做很美丽的诗了。

自他定居于波浦尔后,他做了许多好诗与好的戏曲,《吉檀迦利》里的诗及《暗室之王》,都是在这时做的。他平时不大与外界交通,但有时则到各处去讲演,如前几年曾到美国及欧洲去过。至于他的和平之院则到了现在,已经是很发达了;经费已很充足,最近又改为"国际大学",规模较前已不同。

#　第十一章
泰戈尔的哲学的使命

第十一章　泰戈尔的哲学的使命

泰戈尔在他的诗歌与散文著作里所表现的精神主义的理想,都是印度哲学的真理。印度是具有哲学的心灵的。她经过许多年代的对于生与死的最深沉的问题的默思,发展了一种玄想哲学的系统,使世界上许多著名的贤哲都为之赞颂,为之倾心。以前缪勒[①](Max Müller)教授,曾在一个讲演里,极端称颂印度及其思想:"如果我看遍了全个世界,要去找出一个国家,最丰富的具有自然所能给与的一切财富、权力,与美丽——在有些地方简直是一个地上的乐国——的,我必向印度指着。如果有人问我在什么天空底下,人的心灵曾最完全发展出它的几件最好的赠品,曾最深沉的浸入生命的最大问题,曾解决了好些这种问题,很值得使研究过柏拉图与康德的人的注意的,——我必向印度指着。如果我问我自己,我们在欧洲的人,我们天然的完全受了希腊与罗马及赛米底的一族犹太的思想的影响的人,从什么文学里,我们可以得到那最需要的正确,以使我们的内部的生活成为更完全、更有意识、更为普遍的,即是,更为真正的人的,一个生命,且不仅仅为

---

① 原文为"慕劳尔",下同。

了这一生，而更为是一转世的永久的生命，——我仍旧是向印度指着。"

印度思想的最高点在于《奥义书》①（*Upanishad*）的吠陀（Uasonta）哲学。法国哲学史家考辛（U-Consin）说道："我们不得不屈膝于东方哲学的前面，在这个人类的摇篮里看见最高哲学的出产地。"叔本华（Schopenhauer）也说道："在全个世界中，没有一种学问是比之《奥义书》更为有用，更为高尚的。它是我们的生时的慰安，也将是我们的死后的慰安。"缪勒说道："如果叔本华的这些话要再加以说明，我愿意因我自己经过长久的专门研究许多哲学与许多宗教的结果而为它说明一下。如果哲学的意义是为一个快乐的死的预备，那么，在我所知道的哲学中，没有比吠陀哲学是更好的预备了。"

泰戈尔在他的哲理的诗里所唱的，在他的《生之实现》的论文里所说的，就是这个《奥义书》的哲学。它述说宇宙的一体——在现象世界的分歧里的根本上的一体。华兹华斯②（Wordsworth）是一个奇异的自然诗人。他对于自然精神是亲切的，但有时是含混的。他的歌声优雅清

---

① 原文为"《优盘尼塞》"，下同。
② 原文为"华滋华士"，下同。

第十一章 泰戈尔的哲学的使命

越,但所唱的却为世界是忧愁所造的,"我们的生不过是一个睡眠与遗忘","狱室的阴影开始紧罩长成的孩子的身上"一类的哀歌。泰戈尔的哲学则与他完全不同。在他看来,世界是充满了快乐与爱的,幸福在全宇宙中跳着舞。这个世界诚然是有忧愁,但他们却如印度秋天的浮云一样,反能增明月的光华。在底下的一首诗里,我们可以更明白的看出他的生与爱与动作的哲学:

"啊,我的最感恋的地球母亲,我是怎样常地恋念的看着你,又是怎样常的从我的心里,不可禁的快活的唱出来呀!我身心的要质融化入你自己的里面之后,你便不绝的在永久的中间,旋绕在远星转动。而你的嫩绿的草叶,长在我身上,花儿繁锦似的开着,树林如阵雨似的把它们的花果落在我身上,是的,落在我身上。所以当我一个人坐在帕德玛河边时,我能够容易的感觉到,是的,我是感觉到,绿草的种子是怎样的向上长芽;生命的酒精是怎样的永久的灌注在你的心上;花朵是怎样的从美丽的枝干上开出;大树与蔓草是怎样的因接触着太阳的幼光而快乐的颤抖着,竟如婴孩在他们母亲胸前吃乳倦了时的快乐一样。

"那就是为什么当秋月的清光照在金色的收获的田上,当椰子树的绿叶快乐的跳着舞时,我会感得很深的快乐,而

想到我的心灵浸渗在水、在地、在林中之叶、天空的碧色中时的原因。全个宇宙似乎静静的呼喊我一千次到它的胸前去。从世界的奇异的游戏室里,我也听见那微弱而熟悉的我的旧时游侣的快乐的声音。

"啊,地球母亲,请把我带回你的心中——生命在这个心的千种不同的路流出,歌声在那里以千种不同的调子唱着,跳舞在那里以千种不同的式样跳着,心灵在那里永远是思索的,而你是自己辉煌的有益的站立着。"

泰戈尔是相信布莱克①(William Blake)"人的身体与他的灵魂没有区别"的话的,但他更进了一步,不相信他父亲所信的二神论而相信吠陀的一神论,即世界不惟是为神所造,而且是由神自身造出的教义。

有一次,有一个印度的哲学家对他的学生说道:"世界不仅是为神所造,且是由神自身造出。"

"那怎么能够呢?"学生问道。

先生回答道:"看那蜘蛛吧,它从它自己的身体里,引出了丝线,以造成一个奇异的蛛网。"

东与西之间并不曾有一道鸿沟。哲学与科学一样,是

---

① 原文为"勃莱克",下同。

第十一章　泰戈尔的哲学的使命

世界的。它不知什么东与西。它冲破了一切物质的界限。在这一方面，泰戈尔的《生之实现》，实给了世界的人类以不少的利益。它的幽雅的文体，高尚的思想，是全个世界都应赞颂的。

"所有的东西都是从永久的快乐中生出来的。"泰戈尔在《生之实现》说道："这个快乐，它的别名就是爱。……我们不爱，因为我们没有感觉，或者可以说，我们没有感觉就因为我们没有爱。因为爱是一切围绕我们的东西的极端的意义。它不仅是感想的；它是真实的；它是快乐，是在一切创造之根上的快乐。"

在《奥义书》中有几句话："世界是从爱中生的，世界是被爱所维系的，世界是向爱而转动的，又是进入于爱之中的。"这个真理，泰戈尔在《动作的实现》里更完备的发挥出来。他在那里鼓吹着爱与正当的动作。这个爱与动作的使命在欧洲各国互相摧毁的时候，尤有特别可注意的地方。欧洲虽经了长久的战争，而他们国际间的仇视，仍未丝毫消泯。基督的同胞的和平的理想，已在狂逆的西风中吹散。嫉妒、猜疑、欺诈，是他们的戴皇冠的魔鬼。在这个时候，印度的哲学，泰戈尔的爱的哲学，对于欧洲，乃至全个世界，实是具有很大的使命的。太沉溺于静修与玄想的习俗，使印度的光荣灰暗了，印度的尊严被侮辱了；而同时太崇奉物质主义的结果，却使西方诸国也如被巨伤的大兽，在吼叫，在受苦。这两个极端的思想的和谐，能够带来一种理想的事实，泰戈尔的使命就在于此，人类的永久和平与自由与发展即存在于这个和谐之中了。

第十二章
得诺贝尔奖金与其后

第十二章　得诺贝尔奖金与其后

一千九百一十三年①的冬天，瑞典的文学会，以诺贝尔奖金奉给泰戈尔。这是东方人第一次在欧洲得到的荣誉。在这个时候以前，泰戈尔的《吉檀迦利》的出版，虽然使欧洲读它的人为之惊异不置，然而对于泰戈尔并未十分了解。但从这个把一九一三年的诺贝尔奖金给与他的消息传出后，他的名字才常常在许多平常人的口中说着，他的作品才常常有人去研究，他的思想和生平，才常常有人要想知道。他的文学上的地位，从这时起才在世界文坛上确定了；他的名誉，也从这时起才变为世界的了——不仅欧洲人、美洲人知道他，连东方的中国与日本向来与世界文学，尤其是自己东方的近代文学，不相接近的，也立刻认识了他。

这一次诺贝尔文学奖金之给与泰戈尔，除了关于泰戈尔的自身外，许多人都以为是世界上一个很大的消息。欧洲的文坛，本来不大与东方的文坛接近，对于近代东方文学尤有蔑视之意。从这时以后，这种意见才渐渐的泯灭。一个美国的著作家说道："这个奖金将勉励西方的人类去访

---

① 一九一三年。

求东方的人类所已说的话，或将要说的话。这件事将把以前永未解释过的东方，为西方解释一下。所以这件事成了一件历史上的事实，一个那半球明白这半球的转点。"不仅如此，这件事且表白出东与西的友谊一个新时代的黎明。东与西的文学、艺术与理想的互相了解，互相赞赏，如一阵大风似的，能够把国际间或人种间的敌视的与歧异的见解的黑云吹散到天外去。这个期望，我们在这时说出，也许觉得是过早，但我们看泰戈尔近来在欧洲的影响与他近来的努力的成绩，却使我们决不能相信这是一种不可能的期望。

他的作品，从这个时候以后，译为英文的一天多似一天。有的是他自己译的，有的是他朋友译的；后来又有人把它们译为德文、法文及其他各国的文字。

他以前曾到过英国，曾到过美国，但他的来与去，都不为一般社会所知。从得诺贝尔奖金的前后，他的生活却不能如此的自由了。他走一处，这一处的人便带着热忱欢迎他，要求他的思想上的赠品。如他到了英国，英国人便要他讲演，他的《生之实现》一部论文集，便是一九一三年夏天前后在英国讲的演说稿。英国人及爱尔兰人之欢迎他，较之本国内的任何文人都甚些。有的人甚至于伏在地

第十二章　得诺贝尔奖金与其后

上,吻他的足。以后他又到美国去,美国人欢迎他的盛况,也不下于英国人及爱尔兰人。他的《人格论》,即为那时在美国讲演的稿子。以后,他又到过日本,日本人敬奉他如神明,称他为"圣的泰戈尔"。日文的泰戈尔著作的译本与论泰戈尔的生平与思想的书,立刻出版了不少。他的《国家主义》的论文集,即为那时在日本的讲演集。

自一九一七年欧洲大战告终以后,世界上到处都弥漫着和平的新觉悟。泰戈尔的思想与精神益受各处求和平者的欢迎。他往来欧洲各地,为印度民族向英国政府求自由,又与世界的知识阶级的代表,如巴比塞(Barbusse)、罗素(Russell)、勃兰特(Brandes)诸人组织"光明团"发表宣言。后来又回到印度,定居在波浦尔的和平之院里,又计划着把和平之院改组为国际大学。他在他的国际大学宣言里说道:

"在现代,人类的地理上的区分,差不多已经消灭了。不但各种不同的部落,便是各个国家、各个民族,也都在生死的关头,不是创造新的生活,便不免沦于灭亡。在我们的前面,引起一个新的问题:就是全地球的统一的国家的创造。把各民族都发展开来,便各成为全世界的大结合的一分子,

也像把各个人发展开,成为民族的一分子一样,这在现在,不已是可能么?

"所谓世界的大结合,是说把人类都团结起来,比现在一切的联盟团体,更为深切,更为坚固。这种结合应该以人的神性的出发点为基础。我们应该建筑一所世界的大殿,以供奉整个人类公共的神道。这种理想实现的第一步是在于使民族都表示他们的精神的主宰。但在猜忌和斗争支配一切的时候,这样的理想是不会达到的。所以我们应当创立人类相互交通的机关,以消灭各民族间的敌忾心。只有国际的大学,才配作为这一种交通的机关。因为在大学里我们可以一块儿寻求真理;利用了几千百年来的人类遗产,一块儿研究学术;全世界的艺术家可以共同创作艺术品;科学家共同阐发自然的秘密;哲学家共同解放人类的思想,圣人贤者共同实现人生的理想。他们干这些,不但是为了他们自己的国家,也是为了全人类。

"气象学家曾经发明过一个真理,他们证明地面上的大气都是属于同一气层的,虽然各处的气候各不相同。我们可以同样的证明人类在精神生活上是全相一致的,虽然体质可以各不相同。我们应该知道:所谓人类大结合,并不是把一切的民族都变成齐一,乃是说叫各种不同的民族互相协调的意思。在现时,似乎大家都已负着这重要的责任了。为了这

第十二章　得诺贝尔奖金与其后

个责任,我特在印度创立国际大学,我的意见,以为这是促进东西人类相互协调的最善方法。我打算邀请西方各国学者到这里来,住在印度生活中来研究印度的哲学、艺术、音乐,由印度学的专家指导他们。"

国际大学发起的原因是如此。和平之院本是由泰戈尔独力担任,丝毫不受英国政府的津贴。现在这个国际大学的经费也是如此。他把诺贝尔奖金捐给这座学校,他所有的著作上的报酬,也大都送给了它。

一九二一年,他又作欧洲之游。这时,他已被他们称为传道的大师。为战争所疲劳的德国人民,对于他所称道的东方生活与东方思想,尤为颂赞鼓吹。他在柏林及其他地方讲演了好几次,听的人都十分的拥挤。入场券所售得的款,都捐入他的国际大学。他讲演的台上,布了一个森林的景致。当他到郊外森林中游散时,已有数万人预先在那里等候他。他一到,欢呼之声大作,有许多人唱歌,还有许多小孩子手执鲜花到他面前跳舞。他在其他各地,所得到的待遇也是如此。最近出版的《创造的统一》（*Creative Unity*）一书,即是他在这时前后所做的论文集。

他到欧洲去,原抱有很大的志愿,他在一封信上说道:

"向来和平之泉都是源于东方,所以今日欧洲便不期而然的回面向着东方来了。欧洲好像一个在游戏中受伤的孩子,现在他正离去众人,在找他的母亲呢。这样说来,东方怕不就是精神的人道主义的母亲——能舍她自己的生命与人的么?我们印度人还茫然不知欧洲人已在我们门前求救——还不知乘他们需要的时候,以人道主义与之;这真是一件可叹的事!"

但印度人虽不知道救欧洲人,而泰戈尔他自己则已开始到欧洲去做这种事业了。当他将倦游归来时,当他在盼望归期时,心里还忧愁着,踌躇着,想在欧洲至少再住上一年,以尽他的责任。

不过他究竟是一个诗人,——仅是一个伟大的诗人,对于传道的事业,他似乎不大适宜。他自己说道:"当我向来在帕德玛大河的河心住居的时候,我不过是个抒情诗人,但自从移居和平之院后,我逐渐成了一个教师的模样了;这是非常危险的,我的真实的先知的资格,从此就要断送了。现在已是谁都向我请求教训,生怕有一天我不免要使他们失望呢。"所以他虽然很想尽他的在欧洲传布

第十二章 得诺贝尔奖金与其后

他的和平的福音的责任,而故乡的精灵,黄金孟加拉的景色,却时时在他心灵呼唤他回去;他虽然在欧洲受到一种极热忱的欢迎,极崇敬的待遇,而在他自己的心里,却反觉得彷徨与不安。下面的几封信,可以把他那时的情况充分的表白出来:

"我在欧洲到处都受热切的欢迎,料想你是在报纸上看到了。我非常感谢欧洲人待我的好意,这是无疑的,可是,在我的心里,总像有些惶惑,——而且也几乎要暗暗地叫苦。

"凡是群众的感情的表示,其中总有一大部分是不真实的。群众的表示,往往不免过度夸张,这只是由于群众心理中感情累积的结果。就像在一座广厅中所发的声音,因为有室内各处的回声混合其中,所以所听得的已全不是原来的声音了。群众的感情,大部分是相率附和而成。——这是非理性的,群众里边的各分子,都有根据自己的想象造成他自己的意见的自由。他们理想中的我,决不是真的我,我为了这个担忧,也为了我自己担忧。这使我对于我从前的隐居生活,不禁起无穷的恋念。被迫在别人的幻想所构成的世界里生活着,这委实是最烦厌的事了。我曾见许多人迫住了我,扯住

我的衣裾，必恭必敬的向我衣裙亲吻——于是忧郁罩住了我的心了。我怎样才能使这些人相信我是他们中间的一个，并不是超出他们之上的，在他们中间也就有许多是值得我的尊敬的，我却又怎能使他们相信呢？

"可是我也知道在他们当中像我那样的诗人，是一个也没有。但用了这种的敬礼，来敬礼诗人，委实是不对的。诗人是在人生的筵席中的司仪；他所得的报酬就只是在一切筵席中都有他的份儿。假如诗人是成功的，他便被任为人类的永远的伴侣，——只是伴侣，却不是指导者呀。但要是我被盛名的恶戏所捉弄，被他们扛到神坛上去了，于是在人生的筵席里就没有我的座位了。

"那种盛誉，实非我所能当；实不能不谓之无相当的时间而施与过骤呢。这就是我感着惊异、厌倦，——甚至忧闷的缘故。我自思正如一个家畜的羔羊，只能居在屋角庭隅，以昵爱亲交友朋，倘若一旦厕身大庭广众之场，我便要觉得卑微，对群众告不敏了。

"凡我所到的地方，不论德国或斯堪的纳维亚①半岛，都有一种热烈的爱恋，随着我，包围着我，这事，我想你一定

---

① 原文为"斯坎德那维亚"，下同。

第十二章　得诺贝尔奖金与其后

想不到。我所欲的就是欲回到自己的人民里去——回到咒诅不绝的环境里去。我生长在那边，我工作在那边，我在那边给我的爱，所以我生命的收获在那边，即使得不到完全的偿报也不要紧。仅收获自己的成熟，已给我以莫大的偿报了。所以那边的田野似乎有一种呼声到我这里来，那边的日光是等候着我，那边的四季更递的季节是在问着我的归期。他们知道我的一生都在把我的梦的种子撒在那边。但是暮色已深沉的照在我的路上，我是倦了，我不欲得国人的赞美与责备，我只愿休息在星光的下面。"

他从欧洲回来之后，即休息于孟加拉、波浦尔的和平之院的里边。他现在年龄已高，不大高兴出去，但远游之念却还未绝。明年三月间，林花灿发，山鸟奏歌之时，他大约会在我们中国的春光秀媚的地方出现。

他在晚年，很想逃避名誉，虽然名誉的石碑，已重重的压在他的身上。他自己说道："总有一天，我要从我自己的名誉中突围而出；因为虽然有这庞大而且日益增长的障壁阻隔着，但是帕德玛河却仍旧在向我招呼呢。他仿佛向我说：'诗人，你在哪里？'于是我的心，我的灵魂都想去找寻那诗人。但是那诗人已经是不容易找到了。因为一大

群的人把荣誉堆满在他的身上,他被荣誉压在底下,已不能脱逃了。"

这是很可诧怪的,少年的作者总是努力向着名誉的山巅爬上去,他们虽不全以名誉为他们的太阳,为他们的活动力的源泉,而享受名誉的愉乐却至少是他们的成功的骄傲之一;至于已享盛名的作者,在饱餍了名誉的食品之后,却反渐渐的有些厌恶它了,名誉反成了压迫他们的重负,使他们不得不逃避。泰戈尔如此,托尔斯泰(Leo Tolstoi)也是如此。

诗人的成功,即是诗人的寂寞;诗人的名誉,则如黑雾似的,使他不能找到他自己。这即是泰戈尔所以眷恋帕德玛河上的自由生活而欲逃避出现在的名誉之墙的原因。

然而名誉究竟能逃避么?名誉如好花的清香,如麝鹿的芬芳,如秋晨的晴空,如春池的绿波,——不然,还比譬得不对,他们虽然如名誉一般,一附上去,便非待花枯了,鹿死了,白日终止,池水干竭之时不能消灭,但名誉的寿命,却较他们为更长更久。诗人的歌声虽有止歇之时,而诗人的歌,却终将永久的,永久的,在新的活泼的必再唱出来;诗人的形骸虽有时要长眠于青松绿萝之间,

第十二章　得诺贝尔奖金与其后

而诗人的名誉,却终将永久的,永久的挂在千百代后的千万人的口中。

"你是谁,读者呀,在百年之后读我的诗者呀?

"我在这样的春天的繁富里,不能送给一朵花,不能送给前面云端的一缕金色。

"请开了你的门,向外望着。

"从你的百卉盛放的园中,收集百年以前的已灭之花的芬香的回忆。

"在你心的愉乐里,也许你会觉得在一个春天的清晨歌唱着而送它的快活的声音度过百年的时间的那种活泼泼的愉乐。"

——《园丁集》第八十五首

诗人的不朽,不朽的诗人。谁能逃避了这名誉的不朽的墙呢?灿烂的春光,年年是繁花似锦,绿柳如丝;静谧的秋空,年年是片云高挂,山色清幽;伟大的诗人泰戈尔的名誉也将如这样的春光与秋空,历千万年而不朽,而更新。人间的屋基不完全毁灭,他的名誉的墙是永远不能倒的,——虽然他自己是想逃出这座墙。

泰戈尔图像

泰戈尔

泰戈尔在阅读中。

泰戈尔在阅读中。

泰戈尔在阅读中。

泰戈尔在深山阅读。

泰戈尔在工作中。

泰戈尔漫步在山间小路。

泰戈尔在讲学中。

约1926年,泰戈尔和爱因斯坦在柏林的合影。

泰戈尔和甘地的合影。

1936年,泰戈尔和尼赫鲁的合影。

泰戈尔前往医院时的情景。

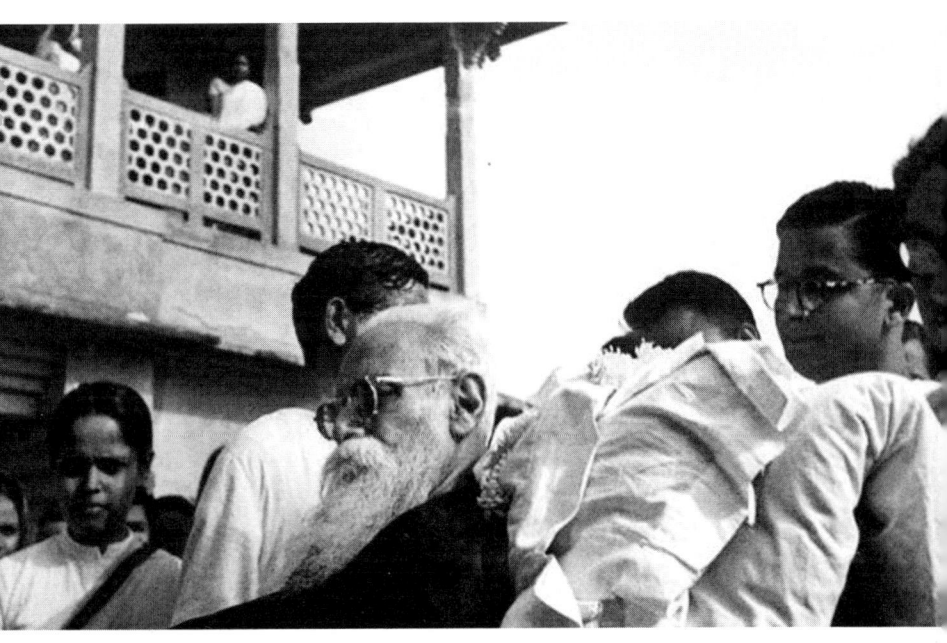

泰戈尔和学生们的合影。

泰戈尔雕塑

1924年,泰戈尔访问中国时,和林徽因、徐志摩的合影。

1924年,泰戈尔访问中国时,在北京同梁启超等人的合影。

1924年,泰戈尔访问中国时,在紫禁城同林徽因、徐志摩等人的合影。

1924年,泰戈尔访问中国时,在清华大学和徐志摩(前排右二)等人的合影。

泰戈尔和中国学者们的合影。

1940年,徐悲鸿创作的《泰戈尔》肖像。

中国艺术家创作的《泰戈尔》木刻像。

泰戈尔《吉檀迦利与采果集》1918年英文版插图"leave this chanting and singing"。

泰戈尔《吉檀迦利与采果集》1918年英文版插图"my song has put off her adornments"。

泰戈尔《吉檀迦利与采果集》1918年英文版插图,译为"我想要唱歌"。

泰戈尔《新月集》1914年英文版插图,译为"商人"。

泰戈尔《新月集》1914年英文版插图,译为"沙滩上的小孩"。

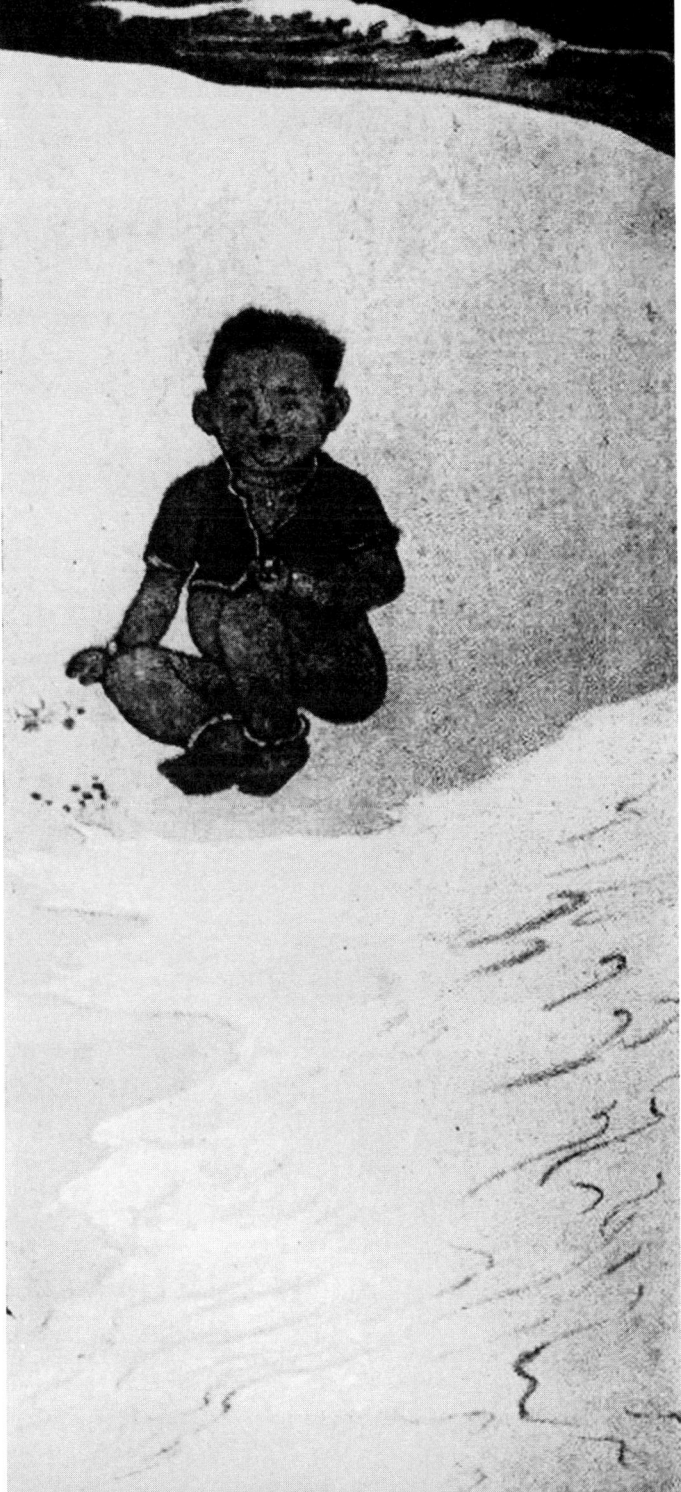

泰戈尔《新月集》1914年英文版插图,译为"新生"。

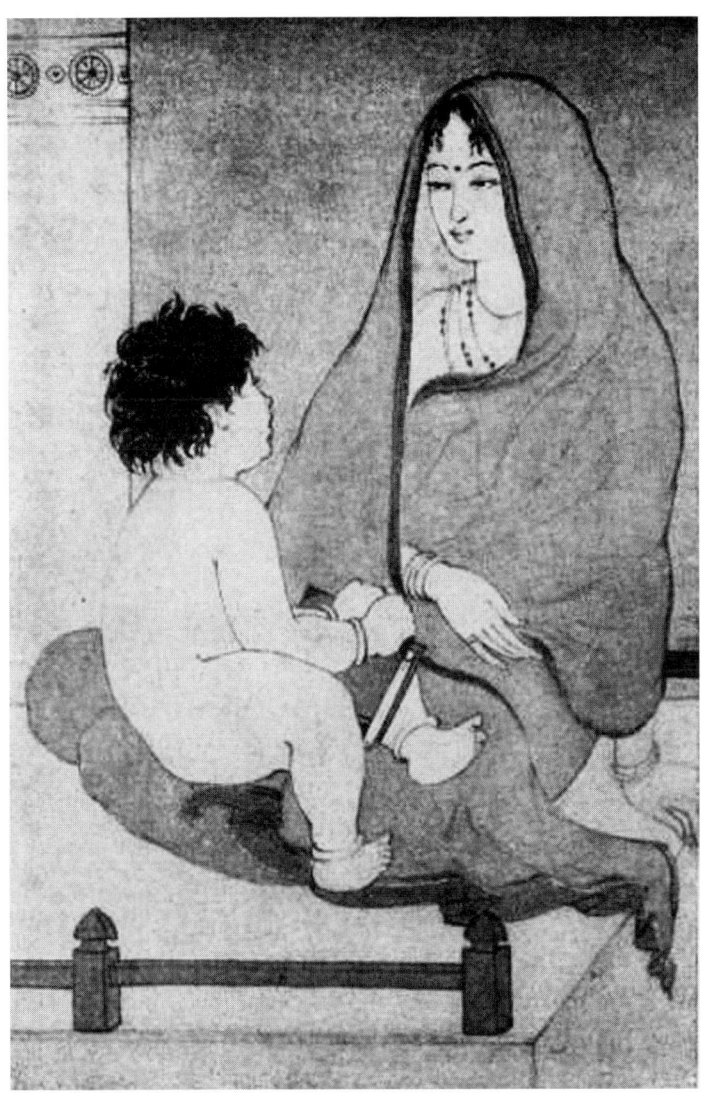

泰戈尔《新月集》1922年希伯来文版插图，译为"佛光下的森林"。

泰戈尔《新月集》1922年希伯来文版插图,译为"月光下的母子"。

附　录

附 录

一 泰戈尔的人生观与世界观

瞿世英

……无限之生——创造的爱……

吾人生存于宇宙间,生之所自来不可知,生之意义与价值亦不容易了解。数千年来经过许多思想家的研究,费了许多精神,然而仍旧不能解决这人生之谜。若将他归纳起来,无非就是根本的人生问题及人与其环境之关系的问题。这篇短文里所要说的,便是印度诗人泰戈尔对于上列两个问题的见解。换句话,就是他的人生观和世界观。

泰戈尔不是个想建设什么系统的哲学家。他是文学家。他的作品种类很多,有小说、戏剧、论文和诗,却不曾系统的说什么关于哲学本身的话。所以要研究他的人生观与世界观时,须要从他的诗文里去找,再以我们自己的话为之解释。

泰戈尔是以伟大的人格濡浸在印度精神里面,尽力的

表现东方思想；同时却受了西方的基督教的精神的感力。于是印度文明之火炬，加了时代精神的油，照耀起来，便成就了他的思想。

他是绝对承认生活的，不是厌弃生活的。所以他在《春之循环》上说宇宙中全是生命，全是改变，全是运动。又说我们爱生命所以工作，而生命之起原与价值与意义就是爱。他说世界是从爱生的，是靠爱维系的，是向爱运动的，是进入爱里的。宇宙之创造是爱，而人生之目的亦是爱。他虽然竭力说精神生活之重要，同时却亦不否认物质方面。他在物质界中仍旧主张奋斗做去[①]。他说："不，我决不关闭我感官的门，听觉、视觉、触觉的欢喜快乐要生出你的欢喜快乐来。"可见他的意思正是以物界为生命得到最高理想的一个地方。正是使有限的个人实现其无限的地方。但世界上种种事情都是为达到理想的精神的，若只顾目前物质的快乐便不好了，灯也灭了，花也谢了，水亦涸了，琴弦亦断了。

他以宇宙为不断的创新，他说："旧的永久是新的。"他以宇宙是统一的、接续不断的。宇宙与个人亦是统一

---

① 参阅《春之循环》五十五页。

的、调和的，都是唯一生命之运行。日夜在我血脉中运行的生命之流亦运行在宇宙中和谐的跳舞着。……在生死之海波中亦是这唯一生命在那里摇动。四肢为此生命世界所感触便觉着十分荣耀。这无限的精神充满了宇宙，亦潜伏在个人精神里。个人与宇宙不是相反的，是好好的朋友。早起凝视着晨光，便立刻觉着我在这世界上不是外人，人与世界的分别，不是最终的。若个人与宇宙永久相对立，怎样能得着真理，怎样能希望得着清洁的心，相反的永久相反，怎样能得着调和的生活。生活之所以有价值有意义便因为宇宙与个人是个大调和。人生目的便是要打破这相反处而入于精神生活。一切纷纭扰乱都融成"一个甜蜜的调和"。

宇宙的创造是爱的实现，是绝对的实现，是神的实现。爱就是宇宙，就是绝对，就是神。① 这创造的快乐——爱——是宇宙的母亲。神是宇宙的基础；用两方面来表现他，这两方面就是自我与非我。歌者唱歌便另外有个自我在他里面，情人在他的情人中可以寻着他的另外的一个自我。两方面相互扶助添补着，促进了宇宙的进化。这便是

---

① 从这方面看，他是泛神论者。

宇宙的历程，绝对的实现。但绝对怎样实现呢？只有靠着分离与联合才可以实现他自己。小孩子生出来了才认识他母亲。要离开了"他"，从"他"家里赶了出来，才可以自由的看"他"的脸面。① 但分离并不是宇宙历程的终点。宇宙的目的也是无限的实现，宇宙是到"无限"的转化的进行。

进一层说，宇宙便是神的表现、神的变形。所以他说："你便是天，你也是巢。"② 这便是他宇宙观的大概。从他这个宇宙观便引申出他的人生观来。他承认宇宙的大生命而人的精神又是本来与宇宙的大生命合一的，所以自然是承认人生的。他并且承认人的精神是最高的。他说有限中无限之显现是一切创造的动力，而这种显现的完成不是在布满星辰的天空，亦不是在花的美里，实在是在人的精神里。③ 人生的目的就是要求"无限"以得不朽之生。我们只要仍旧回到小孩子的境界去。

他竭力主张生之不朽与无限。早晨起来灯虽然灭了，

---

① 见《采果集》。
② 见《吉檀迦利》。
③ 见《生之实现》。

旭日却依旧高悬着。他说："死也和生一般隶属于生命。"①在未达到最终理想以前，人的精神或灵魂必要经过许多死，或者说要经过些阶段。"你使我生无穷，这是你所喜欢的。这个脆弱之器，你把他空了又空——永久将新生命注了进去。"②人要进取，必要重新，重新即吾人所谓死，其实正是为进步的预备。人生是不朽的，是无限的。

但这种目的怎样便能达到呢？人生达于无限并不是要脱离或躲开感官世界的纷乱，是要"精神化"了这世界而自身不沉沦于物质生活。人生的目的，便是快乐，但"人的快乐不在为他自己得着什么好处，是要将他自己贡献给大于他的，大于他个人的观念，如人类，如国家，如神均是"。③这便是不朽的途径。换句话说，以爱的精神牺牲自己去服务人的，便是人生的正路。工作不过是游戏，小孩要游戏才快乐，我们是要回到小孩子的地位去的，便应当工作。

泰戈尔是个神秘主义者，说的话只可于言外去领会，这上面说的，我以为便是他的世界观和人生观。

---

① 见《采果集》。
② 见《吉檀迦利》。
③ 见《生之实现》。

在未完篇以前我要特地向读者说，泰戈尔不是谈玄说虚的"诗家"，他的思想和柏格森、奥伊肯①都很相像，是表现时代精神的。读了他的作品，便令人觉着宇宙的活动和人生的变化是有意义的，也是快乐的，便给人以无穷的勇气。且看他下面的几句话，便看得出他的爱人类的热诚了。

"这里是你的脚凳，那里放着你的脚，最穷的、最低下的、逃失了的（人）都在那里。"②

---

① 原文为"倭铿"，下同。
② 见《吉檀迦利》。

二　泰戈尔的艺术观

郑振铎

我们问了许多人，什么是艺术？在最古的书上，他们的议论已经是纷纭莫定了；到了现在，仍然是如此。百人中总有九十几个人的回答是不相同的。关于艺术的功能，尤为争论最烈。有的主张艺术须要切合于人生的要求，有的以为艺术只是应艺术的冲动而发生，不受什么功利主义的支配的。

泰戈尔却是超乎这一切争论以外，转而"搜求艺术存在之理由，想找出艺术到底是因某种社会的目的而发生，或是应我们的美术之快乐的需要，或是因什么表现的冲动而发生的"。[①]

泰戈尔以为我们对于这个伟大的世界的关系是非常繁复的。饥而食，渴而饮，我们则因一切物质上的需要，而

---

① 《人格》，页一六。

与大地相接触。知一切事实,则求而纳之于简单的法则以内;见了某种已然的事变,必欲发现其所以然的缘故,我们又因一切智慧上的要求而与大地生关系。但除此以外,我们还有一种精神上的要求,一种人格的人(Personal man)的要求。人格的人与物质的人恰立在相反的地位;他也有他的喜欢与不喜欢,他也想寻找些东西以满足他的爱的要求。这个人格的人唯有在我们脱出一切需要——身体的与知识的——的时候,才找得出来。

科学的世界不是一个真实的世界,而是一个力的抽象世界。我们能够借着智慧的帮助来利用它,却不能借着我们人格的帮助去实现它。艺术的世界则不然,我们能够看见它,感觉得到它,我们能以我们所有的情绪来对付它。这个艺术的世界就是人格的世界。

这个艺术的世界——人格的世界——于我们有什么必要的关系呢?艺术的发生的原因何在呢?艺术何以有存在的理由呢?

泰戈尔对于这些问题回答得很详细。他以为人类与禽兽所以不同的地方,就在于禽兽是束缚于需要的范围以内的,它们的活动不是为了自己保存的需要,就是为了种族保存的需要。换一句话,就是它们的一切能力都消磨于生存竞争的战场中。但是人类则不然，他在生命的商界中，好像一个大商人，他所得的钱比他所消费的钱多。所以在人类生活中，有许多过剩的财富，供他自由挥霍。禽兽也有知识，也能用它们的知识来保存养护它们自己的生命。但是它们止于此了。它们知道它们所处的环境，以求住求食，并且知道四时寒暖。人类对于这些事情，也必须知道，因为人类也是必须生活的。但是人类的知识，除了用在这种地方以外，还有许多余胜。这个余胜的知识，他可以自由享用，可以为知识而求知识，因此而他的科学与哲学得以形成。

同样的，艺术发生的根源，也是如此。人类与各种动物，都要把他们的快乐或是不快乐、恐怖、愤怒，或是爱情的感觉表现出来。在动物的世界里，这种情绪的表现到了"应用"的范围，即停止不进。但是，人类则不然。虽然他的情绪的表现仍旧有"应用"的原意在内，而他的情绪的枝叶却长成发达，四布在蔚蓝色的天空中。换一句话说，就是：人类的情绪的力量，除了应用在自己保存的目的以外，尚有许多余胜着。这个余胜的情绪，遂发泄而成为艺术的创作品。

当我们心里起了一种感觉，除了对付引起我们感觉

的对象外,尚有余绪不能全为对象所吸收,因遂回到我们心上,用它的回波,使我们感觉到我们自己。我们穷的时候,所有我们的注意力全注在身外的衣食住。如果我们是一个富人,那么财富的光线,一定会反射到我们心上,使我们觉得我们是一个富人。这就是在一切生物中,只有人能自省,能知道他自己的原因了。换言之,就是他所以比别的生物更密切的感觉得他自己的人格的原因,就因为他的感情的力量除给他对象所消耗的而外,尚多出许多。所以在艺术中,人类所表现的是他自己,并不是他的对象——他的对象完全表现在科学中。

总之,人类是一个有余胜知识的动物,他的余胜的知识所表现的是他所见的对象,所搜集的报告的本身,并不是他自己;但是同时,他又是一个有余胜感情的动物,他的余胜的感情所表现的地方是他自己,而不是与自己无干的外物。凡在艺术中表现出的对象,都是经过人的感情的洗礼,已与他的人格融成一片的了。

本来这个世界同我们是不相干的——除了求衣食、求知识以外——有了我们的感情,无论是爱、是憎、是喜、是悲,或是惧怕与惊奇,继续的对它起了感觉,这个世界才成了我们人格的一部分。我们生长,它同我们一起生成，我们变迁，它同我们一起变迁。我们的情绪正像溶液一样，把这个外象的世界，溶化成一个亲切的有知觉的世界。

所以赤裸裸的事实的报告不是文学，因为事实是独立于我们情绪以外的。我们说，日是圆的，水是流的，火是热的，谁会引起了什么感觉？但是朝阳初升的美景的描写，却是有永久的趣味与美感在我们的心里。这就是因为所描写的不是朝阳的本身，乃是我们自己心中眼中所感觉到的朝阳的景色。换一句话，就是我们自己的人格的表现。

艺术的主要目的是人格的表现，我们都已坚确的相信。但是还有许多人却以为艺术的目的是"美的产生"（The production of beauty）的。在泰戈尔看来，艺术的美不过是工具而不是艺术的完全的最著的特征。也不过用来为更有力地表现我们的人格的工具而已。

艺术的描写，不必详细而当得其精神。不是一个艺术家而去描写一棵树，他必定要详详细细地把这棵树的一切特征都写出来，但这却不是艺术的描写。真实艺术家的描写是忽视不重要的详细的部分，而注重于主要的特性的。他把所描写的对象的全部的个性精神，从宇宙之心中表现

出来,经过作者的人格化,而使之和谐,使之有情感。

在文学作品中,也有含哲学的抽象思想的——印度文学中此例最多——也有报告历史上的事实的,但是无论如何,这种文学的丝布中,总是织上了作者的如火的情绪与活泼的人格的丝线在内的。凡是艺术,如有不经过作者的人格化——感情化——的,就不能称为艺术;因艺术就是发生于人类胜余的感情的,并且就是人类的人格的表现。

以上是把泰戈尔对于"艺术者何?"这个问题的答案,略略的叙述一下,但是泰戈尔却始终不肯把"艺术"二字,下一个定义。他以为定义这个东西,只不过是使人限制他自己所见的范围,并且使他自己看不清楚所见的东西而已。

以下再略说他对于艺术的功用的意见。

他以为在我们生命里,我们有"有限"的方面,我们每走一步,都要消耗我们自己,譬如我们喜欢吃饭,吃完了饭,我们这个欲望立刻就消失了;又有"无限"的方面,就是我们的灵感,我们的快乐,我们的牺牲,这是无限的。人类的这个无限的方面,必须表现他自己在某种含不朽的元素的象征里面。他用了超越世俗的材料,建筑了一所乐园给他自己住。"因为人类是光明的儿子,无论什么时候,他们如完完全全实现他们自己,他们必感觉得他们的不朽。当他们感觉到这一层,他们立刻伸展他们不朽的范围到人间生活的任何部分。建筑他的这个真实世界——真与美的生存世界——就是艺术的功用。"唯有在艺术方面,人类才显出不朽。所以"艺术就是称我们为'不朽世界之子'的,就是宣告我们有居住在天国的权利的"。

所以在表面上看来,艺术似乎是无用的,其实它却是人类高尚的精神与情绪方面、不朽方面的主宰。"如果你把所有的诗人和所有他们的诗,摈出世界以外,只要一会儿,你就立刻可以发现——因他们的不在——活动的人的能力究竟是从什么地方来的,实在供给生命汁给他们的收获地的究竟是谁了。"

泰戈尔说:"作事的人常把他们的事务弄得出了音韵和谐的地步,这就是我们诗人所急要把他弄和谐的了。"

现在世界作事的人,哪一个不"把他们的事务弄得出了音韵和谐的地步"?这正是艺术家所急要出来"把他们弄和谐的了"。

三 泰戈尔之"诗与哲学"观

张闻天

> 人类渐渐要发现，我们要找请"诗"来替我们解释人生，来安慰我们，来支持我们。没有诗，我们的科学不会完全，并且现在许多关于宗教的与哲学的也要被诗所替代……
> ——Matthew Arnold[①]

一

泰戈尔是大诗人，也是大哲学家；他的诗就含有他的哲学，他的哲学也就是他的诗。如《生之实现》是他的哲学而又是一首散文诗，如《园丁集》，如《新月》，如《采果》，如《飞鸟集》等是他的诗而又包含他的哲学。中国

---

① 即马修·阿诺德。

附 录

介绍他的人很多,我现在不必多说别的,只说他对于诗和哲学之关系的见解。

什么是艺术的目的,更进一步,什么是诗的艺术的目的,在《春之循环》里,泰戈尔说:"我们(诗人)把人类从他们欲望的束缚上解放出来。"真正艺术的功用是达到自由的大路。艺术家帮助我们忘了我们和世界的约束,并且显示那把我们连结到永久上去的不可见的连接。真正的艺术把我们的思想,离开单纯的机械生活,把我们的灵魂举到天上。他把"自我"从忙碌的世界的种种活动里释放出来。他打破那关闭心灵的牢狱,破除那遮蔽光明的障碍。

一切艺术的秘密是在"自我的遗忘"。诗人或艺术家,使我们心里的诗人或艺术家得到自由。但是只有那艺术的创造是从自我遗忘的快乐上生出来的。那才能做这类事业。真正的艺术家把他们自己举在一切热情、欲望之上,放到那等待光明的精神状况里。他离开一切别的东西,把自己相合于他情愿解释的特别对象,把他的意识完全沉没在这对象里,并且失了他的自我。当自我与非自我、内在的生命和外在的生命,和合一致的时候,艺术就会产生。因为艺术是在这类快乐里产生,它还产生快乐。

但是当我们说艺术的功用或目的是在产生快乐，我们并不是说艺术家专门拿产生快乐为目的，并不是说那专门想法去娱乐的那一类颓废派的艺术。艺术的创造和娱乐都是自然而然的，并且是无意识的。凡艺术家的衷心所感到的，在艺术品中找到他的外形。从洋溢的心里流出来，口就说了，威廉·布莱克说："过余的路引到睿智之宫。"照泰戈尔的意思，艺术的起源是"在过多的境界里"。① 过多的能力，在艺术里找他的出路。艺术是快乐的产儿，是人类过多的能力的表现。一个人要得到一件东西，他就用他的音调发言，但是如其他没有这种目的，他就唱。一个人要达到他的目的地，他就用他的脚走路，但是如其他没有这种地方走，他就跳舞。一个人要记载一件什么事情，他就用一支笔写，但是如其没有呢，他就画图。假如我们的时间，我们的精力，都为了战争与商业、科学与实业，那么我们就不能去费掉宝贵的光阴和精力在歌唱、跳舞、画图！我们社会里就没有艺术家容身的余地。艺术是休养里产生的，在近代西洋那种生活忙的社会里决不会产生。在艺术里，我们

---

① 《人格》，页十。

并不追求肉体与精神的满足,却不过感觉与欢乐,而非分析与度量。事实的重复可以转成用途与利益,至于那"太阳是圆的,水是液体,火是热的",就要不能容忍。但是日出的美的描写,完全没有经济的功利的价值,就有"永久的兴趣——因为在那里,这不是日出的事实,只有我们自己,是永久的兴趣的目的"。[1]艺术所相关的世界是人格的世界。艺术是人格的表现。固然,一切活动都是自我的表现,但是别的活动是有目的的,是达到目的的一种方法,但在"美"的里面,我们没有别的目的。

我们要晓得一件东西,因为晓得了,我们就可以用它。但是在艺术里,自我的表现没有别的目的,他自己就是他的目的物。他不是要满足肉体和精神的需要,他是发其所不能不发。他的表现是自然的,是不知不觉的,不是人为的有意如此的。"当我们的心,完全在爱里,或者在别的大情绪里,觉醒的时候,我们的人格是在它的潮流里了。"[2]诗不是做的,是冲出来的。它是过多的表现,在那里,全人格完全出现了。

---

[1] 《人格》,页一五。
[2] 《人格》,页一七。

艺术不是教训的。它是去快乐,不是去劝导。它是无意识的,在鼓励我们达到尊贵的目的,不是把功课教给我们。哲学可以劝导,可以辩论;宗教可以劝告,可以命令;但是艺术只使我快乐。劝导和教训也许是艺术的结果,但是它的目的只在快乐。它用自己的光明照耀,但是这种光明也许产生别的结果。艺术的一种的诗的目的也是在生趣,不在利益。

但是这快乐不是肉体的快乐,肉体的快乐是印度人所极力反对的。他们出世就是对于这种快乐表示反对。他们所讲的快乐是精神的快乐,那美的情绪是精神的经验,不单是主观的感觉。艺术如失了得到精神自由的方法,单成了下等人的娱乐品,它就不是真正的艺术了。

二

虽则诗的目的不是把哲学告诉我们,但是如其一首诗不包有哲学的幻想便不能完成它的目的。诗一定要供献一种人生观,使我们对于实在有更完全的见解。黑格尔[①]说诗的目的在"把谐和的宇宙的究竟理想的形状,放进想象

---

① 原文为"黑格儿",下同。

的形式里"。亚里士多德①也谓诗是一切文学中之最有哲学思想的,它的目的就是真理。真正的诗人,在每一部分里能够看到全体,并且使他的诗表现他的全幻想。科林斯②(Churton Collins)在《诗的真功用》(*The True Function of Poetry*)里曾经说:"诗的真使命不单在供给快乐,不单在表现有利或有害于人的感情,不单在增进我们人性的与人生的知识,它的使命是在理想的真理的默示……"这作品是不是诗,我们只消看它是否给我们以幻想的全体呢,或者只不过说一点表面上的现象。所以与其说诗与哲学是不相容的,不如说诗之所以为诗只因为它是哲学的。

因此,如其心灵不在和平状态,决不能产生好的诗。混乱的心灵决不能做好的诗家。生命的节奏,表现它自己在诗的节奏中间。只有心中有音律的,舌头才有音律。我们一定要把我们的灵魂和灵魂外的东西谐和,把内我外我和合一致,才可以得到诗的欢喜。诗是宇宙的音律在人心中的反响。

所以遁世的人、悲观的人,都见不到宇宙真义的所在,均没有诗人的资格。诗人一定要在现世里找到快乐,

---

① 原文为"亚里斯多德",下同。
② 原文为"歌林",下同。

一定要有"自然"的与"创造"的热爱。泰戈尔描写艺术家的灵魂和宇宙魂的关系说："世界问艺术家道——'朋友，你曾经看见我吗？你爱我吗？——不是因为他供给你衣食而爱，也不是因为你找出了他的定律而爱，却因为他是个人的而爱吗？'艺术家回答道：'是的，我已经看见你了，我已经爱你并且知道你了，——不是因为我对你有什么需要，也不是因为我为了我自己的权力的目的拿了你并且用了你的定律。我知道能够行动，能够驱动，并能够引导到权力的势力，但这不是那个。我看见你在你就是我的地方。'"①对于宇宙的纯爱，是世界上真正艺术家的态度。一个诗家要在无论什么地方看到美，一定要爱地球。他的心灵在世界上像在家里一样，一点没有奇异的感觉。他一定要叫出来："这地球也是属于创造天的他吗？"②固然，世界上也有喧哗的声音，也有罪恶，但是真正的诗家在喧哗里可以找出和谐，在罪恶里看出善。在流转不居的时间里见有永久；在有限的空间里看出无限。自然，他也感到丑与罪恶像感到痛苦一样，但是在真正的诗里，像在一切真正的艺术里一样，究竟是调和的。

---

① 《人格》，页二二。
② 《采果集》，页五五。

附 录

诗家也许可以表现他的艺术在描写世界的悲剧的背景，但是他相信一切的究竟只有和平与和解，不是不和与失望。这并不是说戏剧的末了一幕一定要团圆，小说的末了一回一定要荣封，也并不是说他一定要把世界当为一点冲突一点相反也没有的清净的天堂。诗人应该面向"丑"恶与悲惨、可怕与不完全，但是在究竟，让我们觉到我们所居住的世界是再好没有的罢。他也许可以描写心灵的扰乱，但是结论只能说在这扰乱的下面有和平伏着。凡一种艺术的结果只有厌恶与不满意的印象留在他人的心上，我们不能称为真正的艺术品。真艺术品最后的感觉，应该是胜利与满意。

蠢笨的世界也许包含不和与矛盾，但是诗的世界，这是纯化了的自然，不能有这些东西。大概言之，只有片面的见解，那是科学与散文的专利品，能够把矛盾作为一切的究竟。在他们看来，世界也许显示出疑问，但是在哲学家与诗人都不能如此。他们的功作是在显出冲突与混乱不是最后的东西。世界的美与秩序，在诗人的幻想里，哲学家的心里，同样地重复创造出来。哲学家说一切的不和谐由于不了解和谐；诗家在恶东西里指示好的心灵给我们。世界永久的和谐在诗人的歌里可以听到。"我的诗人，从我的眼睛里去看你的创造,立在我耳朵的大门口去静听你自己的永久的和谐,是不是你的快乐。"①

三

所以自然派对于诗的概念,不能成立。因为艺术和自然有分别,所以自然派的诗也和真正的诗有区别。前者只消观察,而后者对于观察的材料须要默想。前者我们的心是在相对的被动状态,而后者则在活动状态,对于观察的对象反省。哲学不是常识是批评,所以诗不是生命是它的批评。哲学不在编置事实是在把事实化成定律与秩序,所以诗不在抄袭事实是在解释事实。哲学启示事物的真义,批评肤浅的表面现象,所以诗人反过事物的丑状显出他们内在的精神美。照唯心派所说,哲学是经验的结构。那组成哲学探讨的初步的世界上直接感到的事实,把来综合一下破除它的直接性与外表性。就是诗人的想象力,也把世界上的事实去表现的全体精神。所以诗不是没有想象力的抄袭生命与物质。诗人的目的是在启示事物内包含的生命,物体内藏着的灵魂。哲学家告诉我们,机械作用不是

---

① 《吉檀迦利》,页六五。

附　录

宇宙的究竟范畴，诗人在我们以为死的事物中看出生命。真理不是单在适合事实，诗也不单是模仿自然的事实或心体的流动。它们俩都是"创造的再造"。它们俩都是生命的明镜，不是表面上的生命，是最深最好的生命。假使像自然主义的作家一般单把看见的事实一点不加组织的直写下来，这不是真正的诗。美是真理不是自然主义，诗是创造不是抄袭，是幻想不是仿效，是图画不是照片。印度的思想对于没有精神的自然，素来不注意的。艺术是人心要捉到自然界事实内在的美和精神的意义的努力。世界上的事物其本身是不美的，但是它所暗示到的事物是美的。对于自然里所包含的精灵的中心是贡艺术所必要的。诗是宇宙心的歌唱，诗人全经验的发扬。

但是真的诗是明省与情感的化合物。单有情感不能歌唱，没有思想去规律它，就不能实现，就不能有诗。"诗不单是情绪或表现的事情，它是形式的创造思想被潜在诗人内工作的精巧的熟练变成形状。这创造的能力是诗的起源。感觉、情感或言语不过是它的原料罢了。"（Letters, Modern Review, August 1917）做一首的诗总须有一番努力，一番明省，不是随便可以写得来的。诗人的生活是浓厚的生活，因为只在浓厚的生活，明察才会产生。

其次再看极端的理想派,对于诗的见解如何。这派以为诗完全是理想的,对于人生实际,一点关系也没有。批评古典主义的诗人,靠了他的想象力和一时的热情,去自造梦想乡、极乐界,提倡什么为艺术而艺术,抹杀一切深在于人生间的苦痛和深愁;其不切实,其抽象,也是大谬的。真正的哲学告诉我们,现实与理想、自然与艺术、人生和批评与观察和明省的分别是相对的。这二方面都是相互而成的,不能有什么分明的线可以把它们划开,现在自然派和理想派强把它割开来了,所以似乎这二方面是相反的,是不能调和的。其实"艺术本身是自然"。真实的就是理想的。诗应该包含现实经验的原素,而再把它们放在理想的光明之下。

所以在泰戈尔看来,唯实唯心各趋极端,都是错误的。唯实主义要艺术照那种粗糙的表面的现实,原模原样的重表出来,其错误正和唯心主义不走现实的街道而空望海市蜃楼相同。他采用真正的见解,就是二者更高的结合,限止二者而又充实二者。艺术不是单管现实的与不完全的,也不是单管理想的与模糊的,都是在自然之下含有理想。"我相信在理想的生活里,我相信一朵小花里,有一种活力潜伏在美里,这活力比最大的炮还有力量。我相信在鸟的声音里，自然用大于雷霆的力量表现他自己。我相信有一种理想飞翔于地球之上———种天堂的理想，这不单是想象力的结果，是究竟的实在，一切东西都向了他行动。我相信这天堂的幻想，在日光、碧草、泉流、美满的春光里和冬天早晨的安详里都可以看到。在这地球的无论什么地方，天堂的精神是觉醒的并且发出它的洪声。"[①]

泰戈尔对于自然有这样的热爱，自然的各方面都是美的表现。他并不是为爱自然而爱自然，他因为把他当为神的附带品；他不因为他可以把无穷的快乐放到人生里，是因为那亲热可以得到更高的精神生活。在泰戈尔看来，一片草叶、一个原子也从不可知那里带来了消息。一切花草虫鱼都是崇敬的记号，一切森林都是庙，一切山之巅、海之涯都是上帝的住宅。总之，他对于宇宙魂抱有确信。没有这确信，他就不是诗人。所以神的内在的哲学应该为真实而又伟大的诗的基础。为精神力所笼罩了的诗人之心可以直透入自然的表面捉到生命的跳动。

在泰戈尔看来美是主观的。一切东西可以为美的车子，就是奇异的也不是没有用的。"在艺术里，人显示他

---

① W.W.Pearson所著 *Shantiniketan* 上泰戈尔的跋语。

自己不是他的对象。"① 只消我们有了精神的和谐，于是全世界就会在音乐里涌出来。一切东西都靠我们自己。"像我们弹弦子一样：假使弹的太弱了，那么我们只觉察到弹；假使强了，那么我们的弹有一种音调回转来并且我们的意识也加强了。"② 一切东西都靠我们的弹。反言之，我们的心是一张琴，一切东西触上去可以发成声音。

总之，真正的诗是现实理想化了的，是理想现实化了的；并且我们还是有极其实在的东西，不过这东西比现实的东西，有更高的性质。丁尼生③（Tennyson）也有诗比事实更真实的话。所以最伟大的诗一定要包含幻想真实的哲学。没有哲学的幻想，就不是伟大的诗。

四

诗是创造的而散文是叙述的；诗的究竟是在本身，而散文是达到目的的一种方法。真实的诗家有创造的幻想造成美。灵魂的和平可以拿可见的美的名词编置出来，那

---

① 《人格》，页一二。
② 《人格》，页一五。
③ 原文为"丁纳孙"，下同。

诗人可以用灵敏的意像和尊贵的词句表出他的理想。假设有创造的存在，那么不问是韵文或不是韵文总是诗。韵律的规则是为了诗人，并不是诗人为了韵律。韵律是他的奴仆，不是他的主人，专门方法不过是达到目的的一种手段。那般专攻音律而没有创造观念或精神的幻觉的人，只能称为韵律家，不能称为诗家。他们的作品是韵文，不是诗。单讲声调格律不问内容，是没有生命的，是没有美的。像宗教没有信仰，道德没有义侠气一样。在泰戈尔看来，形式与幻想是一个东西，不能分离的，灵魂与物质是一个东西；外形是内在的表现。外形而适合于内容，则我们称之为真，不适，则称之为不真。柯勒律治（S.T.Coleridge）说："在某种质料上我们给它一个预定的形式，这种形式不一定是从质料的性质上产生的，那么这是机械的形式——像把湿的泥土给它一个我们所情愿给它的样子，使它就是干了还是保存，而有机的形式是天生的；它从内部发展出来就形成一种样子，发达的充分就是外形的完成。这是生命，这是形式。"

有许多人说泰戈尔不是大诗人，因为他不拘形式。其实形式不过幻想的运转车，自我实现的一种方法。艺术的究竟不是形式的实现，是精神的实现。印度人决不是为

了形式崇拜形式,他们的艺术论和黑格尔有同样的见解。"用外形来显示内容是单为了心的与精神的原故。"① 艺术家是要把他的理想物质化了,拿灵魂显示给我们。

艺术的目的是在自我实现。美凑巧为这个表现的重要原素。所以有人想美的产生是艺术的目的。其实"艺术中的美也不过是一种器具,并不是它的完全的、究竟的要点"。② 因为有许多人以美为艺术的目的,所以就把形式当作重于内容。诗人的天才像泰戈尔决不受种种形式的拘束。他打破一切旧习惯,创立他自己的规则。我们翻开他的诗一读,我们就可以觉到甜蜜与光明之外,其中还有音乐和音节。

总之,只有精神去创造形式,没有形式去产生精神。拘于形式的人,一定失掉了他自己创造的精神,就失了艺术的真目的。

五

我们上边已然说诗和哲学是不能分开的,那么为什么

---

① 《美学》,第一章,页九十一。
② 《人格》,页十九。

大家都把它们当为相反的呢？这自然是由于大家对于哲学的误解了。他们以为哲学家不过拿他的全身体供给理智去受用罢了。他的心，他的道德性却让他饿死。近代的哲学家就是这一类人，他们是物质主义者，是功利主义者，在他们看来：

If bamboos were made only into flutes,

They would droop and die with very shame.

They hold their heads high in the sky,

Because they are seriously useful.

（译大意：假使竹头只能制成笛，它就要愧羞而死。它们高昂它们的头在空中，因为它们是有用的。）

——《春之循环》页四十七

理知所拿到的，是很肤浅的。哲学的理想决不能单用智慧的范畴达到。要捉到哲学的理想，我们须要冥想与神秘的透视，要洞见宇宙的真理，用逻辑和分析是不会得到的，一定需要直觉。那批智慧主义者天天和几个空洞的字眼、概念和范畴玩弄，就失了他的真理和实在。神秘主义开启上帝所居住的房门的密钥。泰戈尔在《飞鸟集》第一四七页里说："死字的尘埃附着在你的身上，快快用沉寂

洗涤你的灵魂。"所以假使哲学家不过是智慧的形而上学者只对于逻辑的智慧崇敬而不是直觉的透视者，当然哲学对于诗没有什么关系了。所以泰戈尔以为"智慧的诗"这名词是自相矛盾的。

一个直觉的哲学家，他已经升到小自我之上，已经得到意识的真自由，那么，他和听到灵魂的密语而发为音节的诗人就没有什么分别。这就是古印度的哲人，他们打开束缚，启示他们的灵魂在《大经典》的里面。这就是泰戈尔！

还有许多人以为诗与哲学所以相反，因为诗所取的是生命、变动、流转的方面；而哲学所取的是静寂、不动、不变的方面。以哲学为浅薄的、无生命的和无实体的，而以诗为富厚的、热烈的和生长的。但是我们已经看见这是不正当的并且是单方面的。哲学所取的是流转不居的而又是静寂不动的全体。诗和哲学决不徒见其表而不见其里。哲学和诗是一眼看见人生的批评或解释，他们都反对贫穷的满足，所以有人谓哲学见其抽象而诗见其生命，是极不对的。

六

诗人崇敬上帝为美的精神，而哲学家崇敬上帝为真理的理想。诗是美的神座，哲学是真理的庙宇。二者不是相反的，真理是美，美是真理。实际是绝对的，虽是实现的方法有种种。哲学告诉我们，福音的幻想怎样束合种种名词与关系在实在的精神的全体内是"实际"。诗个性化这种哲学的幻想。

泰戈尔是明省的思想家，但是他的理知和明省是隶属于想象力和情绪。他的哲学观，捉在他精神的幻想里，安放在他诗的创造里。他的诗的精神是他的生命的精神，那抽象的和智慧的范畴充满了看见了的和实现了的事物的光明和温暖。

可见"神秘主义不合为好的诗"这句话，根本上是不通的。我们可以说真诗一定是神秘的。《大经典》的作者都是诗人和哲学家，波斯大部分的诗人也都是神秘的哲学家。他们拿精神完全的状态的得到为目的，在这状态里灵魂完全吸收在神的沉思里了，并且达到了世界上肉体的快乐的排除。永久是在这辈诗人的眼睛里。哲学与宗教的创造力在亚洲的艺术与诗的创造里是极其重要

的。哈维尔（Havell）说："印度的艺术是不问有意识的美的追求，像找求一件有价值的东西是为了这东西的原故；他的大努力常常倾向于一种观念的实现，从有限达到无限，并且他们还常常相信只消不变的努力去表现地上的美之精神的源流，人心就会逐渐得到神的全美。"[①] 皮亚（Laurence Binyon）也说："不是裸体人形的荣耀，在西洋的艺术这是最尊贵，并且最能表现的记号了；不是人格之骄傲的并且有意识的直说；却是一切思想能引我们出于我们自己入到宇宙生命之中的，却是比'无限'的指示，从秘密之源头上来的密语，这源头是山水、草木，和一切能告诉我们更强的权力和态度；这就是他们安居的，受到安慰和亲爱的题旨。"[②] 经过相像而连结看见的和看不见的，物质的和精神的是印度人艺术的目的。那"人类的真世界的建筑……是艺术的功用。在他感到他的无限的地方，在他是神的地方并且这神是在他内在的创造者。他是真正的"。[③] 所以我们不能说因为泰戈尔的诗是神秘的，所以他的诗不是好诗。他诗

---

① 《印度艺术的理想》（*Ideals of Indian Art*, P.32）。
② 《远东的图画》（*Painting in the Far East*, P.22）。
③ 《人格》，页三一。

的神秘固然是无疑的,但是因此他在诗人之林所以占有永久的位置啊!

七

哲学与诗虽走向同一目的,而它们的起点却不同。它们从不同的方面达到实际。哲学的目的是在拿到集合宇宙的各方面的综合,而诗的目的是在投到通观世界一切东西的美的幻想。哲学是用思想去思考全世界的浑一,它的目的是在宇宙的原理,但是假使这原理是带有某种深沉的、浓厚的情感,假使他捉到全意识而不单是智慧所应许的,那么,哲学的幻想就变成创造的和诗的。思想灌满了情感与其他意识的要素就会高举到"沉思"的界限里,在这种状态的灵魂,就得到带有自意性与创造性的想象的幻想。这就是所谓神秘的了。但是假使那种宇宙论不过思智慧的条规,那么诗与哲学间之不同还是不会结合的。哲学家硬放其手于"分别"之上,而再在思想的综合里调和,这种调和总之是抽象的并且概念的。诗人不用理知,只用直觉,他对于真理全不去推度,他很深沉的感到这真理是真实的,并且充满了意义。他生

活人生,并且从人生上蒸发去他的信条。这人生的活的一体在一切诗的直接性和实在性都有的,而在哲学的议论里只能论到他。哲学的强分别,在诗的流动里就融成甜蜜的和谐。创造的幻觉和诗的冲动,冲出来像火山的爆裂一样。柏拉图对于诗人的描写,说诗人是剥去了理知而充满了神的人,在哲学家也是可用。我们的结论是诗人如不是哲学家,就没有诗人。真诗人一定是真哲学家,真哲学家一定是真诗人。

八

哲学告诉我们世界是合理的;诗告诉我们它是美的。哲学把世界和我们的理知调和;诗把它和我们的情感调和。无秩序与不合理,哲学是不能容忍的;自然与社会的丑恶,诗是不能接受的。最大的悲剧起初看去似乎是悲哀的;诗人在他的里面找到善的世界。他显示我们忧愁"不是忧愁却是快乐[①]",世界的究竟总之是可爱的。诗把我们的灵魂和合世界的音调,并且使得我们感到世界是值得生活的地方。它的这样做,不是用种种概念和议论,是用音

---

① 华兹华斯语。

乐和幻想。诗是直接触到你的想象力使你欢喜,它不常要使智慧信服,却是要使灵魂信服。哲学家所见到的幻想,诗人把他重新创造出来。他在他的作品里把那幻想实现出来。哲学是生活在诗里,诗拿血和肉给他,但他不是把哲学观念给我们,却是那观念的生活。哲学和真知识的传布没有一件中间物比诗再好的了。真理溜进人的心里是无意识的,不用努力的,很容易的。华兹华斯说:"从心上发出来的走到心里。"诗并不要做真理的陈说,它不过是经验的表现,它表现它心中所蕴藏的,用情绪洋溢到灵魂里,把精神浸到快乐的浴盆里。诗能够使读者表同情于诗人之心,呼吸诗人的空气。诗是可以嗅的花儿,可以味的甜蜜,而不是教的。它不是用事实与原理塞到心里,它不过给一种方向。它不是教导,是触到心上。如作为传布知识的器具,它比哲学要好;因为哲学的结论常常要运到智慧里,它不一定能够满足人生的别一方面,虽是真哲学的结论不但单满足智慧并且满足人生的全体。"世界不过在人的知觉的模型上取到形式,尚不过是他的感官和他的心的片面的世界。像客人一样,还不是自家人。只有它走进我们情绪的里面,它就完全是我

们的了。"① "诗带给我它已用情感变为有生命了的，种种观念，容易去变成我们天性的生活资料。"② 我们有一种保证，就是诗人是生活在他的诗的中间，因为他所说的是从他生命上来的。泰戈尔说："有意识地或无意识地，也许我做了许多不真实的事物，但是在我的诗里，我从没有说过假话——我的诗是我生命的最深的真理显示的神圣之处。"诗人的作品，带有他的生命和个性的印迹，而凡是一人生命的一部，一定能够走进别人的生命里。诗人是以人的资格对别人说话。诗激动人的全心，因为这是人心的自由和无束缚动作的表现，并且真正的诗强迫别人接受诗人的信仰，因为他是用热情与努力去表现的，读了他就是信了他。艺术家可以强迫那批不能捉到哲学的推理者默从，假使世界上的真理，不能用证明和辩论的锤子敲到一个人的脑子里，那么诗人的韵文的美尚可以赢得达到心的路途并且成功那推理力所失败的地方。在那有幻想和香味、音乐和声音的地方，人就可以觉到反抗的无力，并且他的能力也消沉到静寂里去了，诗引起想象力并且让逻辑沉迷，理知安息。在诗里，我们并不要证明，因为诗是他自己的证

---

① 《人格》，页十四。
② 《人格》，页十五。

明。如其泰戈尔激动过印度人的心，那就因为他是诗人，不因为他是哲学家。但是在他的作品里就包含着古印度艺术的理想，就是"使印度宗教和哲学的中心观念合于一切的印度主义，去满足那般不文的而又不是不学的印度农人和有知识的婆罗门[①]人"。[②]泰戈尔完全是印度哲人的承继者。他的著作，觉醒了许多精神生活的可能性。他的歌已经变成了印度人的国歌，他的歌充满了有生气的字眼和燃烧的思想。他的字眼，快乐我们的耳，他的思想，渗灌到我们的心里。他的诗同时是充满心中的光明，是激动人的血的歌，是鼓动人心的圣歌。泰戈尔，印度人的泰戈尔，世界上人类全体的泰戈尔，他发挥他的天才，发展他的生命，来供献给印度人，来供献给世界！

——此篇根据《泰戈尔之哲学》第一、二两章

[①] 原文为"婆罗孟"，下同。
[②] 《印度艺术的理想》引言。

四 泰戈尔的妇女观

张闻天

印度人对于妇人的见解和西洋根本不同的地方,就是他们以为男子和女子的关系等于"主"(Subject)与"客"(Object);"形式"(Form)和"内质"(Matter)的关系,这都是一全体的互相补足的功用,是有有机的关系,不能分开的。

泰戈尔的妇女观当然也带有这印度的思想。他以为男女是互相的补足,文明应由男女两性平均发展其不同的天赋,然后这文明是真文明。他说在人生的二方面,静与动或"住"(Being)与"变"(Becoming),妇女是以"住"的方面占优胜的。现在的男子,拼命扩张活动的界限,积聚财富,争到权力。"在近代史上所谓文明权力的文明,已为男性所独占,女子差不多被推到黑影中去了。"这种单方面的向外发展,就是说他们下边没有结实的基础。

"这种男性的智慧文明的创造是巴别塔[①]（Babel），他们竟敢去否认他们的基础，所以因此倒了又倒。所以人类的历史是在一层一层的破瓦颓垣上生起来的，不是连续的生命的生长。现代的战争就是一个好例。那智慧所产生的，不过代表机械的权力的经济与政治的组织，时常在根本的人生世界上忘记了他们的重心。"[②]

然则怎样方是女子补足男性文明缺点的功用呢？泰戈尔又说："女子的功用是泥土的受动的功用，它不但帮助树木的生长，并且使这生长保守在一定限度之内。那树木一定要有生命的冒险，发出并且伸张它的芽枝于各方面，但是它一切更深的连锁是深藏并且固着在泥土之中，这泥土更帮助它生长。所以我们的文明也要有这种广而深并且安定的受动的元素。这决不单是生长，却是生长的和谐。"真正的所谓文明，所谓进步都是这种和谐的前进。"这好像一种节奏，它不阻止世界的运行并且引导它们到真和美的中间。"[③]

泰戈尔以为妇女的世界是人格的世界，是要达到完

[①] 原文为"白不尔的塔"，下同。
[②] 《人格》，页二〇五—页二〇六。
[③] 《人格》，页二〇七。

成的世界，是基本人生律的世界。但是妇女的世界在哪里呢？泰戈尔以为家庭就是。他说："家庭的世界是各个人找到个人的价值的世界，所以它的价值不是市价是爱的价值；这就是说上帝在他无限的恩惠里赐给他的一切众生的价值。这个家庭的世界就是上帝赐给妇女的礼物。"①但是泰戈尔却并以为"家庭生活是妇女的唯一生活"。他以为家庭生活就是人的生活，合理的人的生活现在只在家庭生活中露一些端绪而已。

但是泰戈尔始终认定女子对于文明的贡献，是另一种的，和男子不同；男子的各种活动，女子可以不照抄。他说现在的妇女都被权力狂带去了。她并不觉得她的职业是在家里。她不安定了。她怕结婚和母道。她受男子的侵占，也不得不在公事房、工厂、车站、店铺里和男子经营的专利品竞争了。她想仿效男子并且把她的生活变成人工的和不自然的，她想要解放她的女性。"当她对于常物的兴趣的能力失掉之后，于是闲暇用空虚恐吓她们，因为她们天然的感觉力失掉了，周围一切的东西都不足以引起她们的注意了。所以她们把她们自己弄得癫狂般的忙碌，不

---

① 《人格》，页二一二。

是在利用时间，是在充满时间。"① "在现在的时期，假使把她们当为种族的母亲，生之存在的需要和更深的同情和爱的必需的总管，她们就觉得她们就失了面子。"②总之，她们受了男子的诱惑，抛弃了她们真正的上帝，失却了她们的乐园！

泰戈尔对于现在的女性的态度是不满意的了，却并不因此绝望。他说现在社会的不平衡的危状，至终要女子来挽救的。他对世界的女子说："你们一定要踏进并且把你们生命的节奏放进权力的杂乱的运动里！"③ "你们一定要安放妇女的全重量在人类世界的创造里恢复失了的社会的平衡！"④因为现在的世界被男子弄得昏天黑地，死伤悲惨散满在人生的大道上。"所以妇女一定要走进那各个人被伤残的世界；她一定要声明这各个人，这无用的这不重要的，都是她自己的。她一定要在她的小心之下保护那一切的情操的美丽之花不被熟练的科学所炽笑。"一切男子所施的不纯洁，她须一扫而尽之。妇女的责任比从前大了，

---

① 《人格》，页二一一。
② 《人格》，页二一四。
③ 《人格》，页二〇七。
④ 《人格》，页二一七。

她工作的场面已要超越那家庭的生活范围了。世界上一切被羞辱的个人都对她下请求书。"这些个人一定要找到他们的真价值，重复把他们的头升到太阳的光明之下，并且经过她的爱重新建立他们对于上帝的爱的信心。"①

"妇女假使自觉到她的责任的重大，她就能够带她清洁的心和一切同情的力到建筑精神文明的新工作上。固然，她的观察也许是狭的是琐屑的，恐怕要弄错了她的大使命。但是正因为妇女是被辱了的，是生活在男子背后的阴暗里的，我想她一定在等待她的文明里可以得到她的补偿。"②

从以上称引的看来，无往而不用精神主义的泰戈尔，对于妇女的观察，也是以精神主义立论了。

——此篇根据《人格》中《论妇女》的一章

---

① 《人格》，页二一八。
② 《人格》，页二一六。

附录

五 泰戈尔对于印度和世界的使命

张闻天

> 让我们为了善,为了真,为了人人的永久,为了你(上帝)的心的联合的天国,为了灵魂的自由,坚确的立定并且努力的忍受。
>
> ——印度人的祈祷

一

泰戈尔是印度精灵的结晶,他所喊出来的,就是印度人的内心里所要喊出来的,印度人的悲哀和快乐、希望和失意、怀疑和信仰,都在他的书里可以找到。印度人精神的饥饿和不安定,都要他去拿他的诗和音乐去安慰去抚摸。泰戈尔是古印度人的儿子,今印度人的母亲!

二

要打破一切虚伪的、形式的、无用的东西,另建一精神的宗教以适合于内心的欲望,是印度一切改革家最急最大的问题。泰戈尔就是这种人,他在种种宗教的内面,淘去陈腐的、迷信的废物,找出共同的一个神来。在他看来种种崇敬的外表虽不同,而深在宗教经验的心大都是相同的。所以泰戈尔对于宗教的使命是在执着单一的宗教,抛弃种种的宗教。他的宗教是纯粹的,是自由的,不受一切教会的规律、人为的方式所阻碍。无论哪一时哪一地的人都可以在他的宗教里找到满足。他的宗教观是对于神的确信对于人生的热爱。

三

泰戈尔在现在印度认为最有害于国家生命的源流的,是阶级制度了。固然,他也知道阶级制度在印度的价值,并且他还承认那立于阶级制上最上层的婆罗门人所抱的理想是不错的。他们以为最高尚的人是用牺牲和纯洁的心思才力去找求精神的理想的人,他们判断人生的价值不用财富的多寡，却拿灵魂的发达为标准。所以泰戈尔也知道阶级制度在印度是根据于自由，终结于自由，他的目的是在博爱。但是这种制度使各人都安于社会制度给他的位置，固定他们生命的活动性，不但使他们对于一切压迫无条件的服从，并且对于强权反生崇拜之心。所以他说："要印度人的再生，第一件就在拿去这种情形。"打破这固定的门户，拉倒那关闭的墙垣，让神的光明涌进来光照我们。

四

泰戈尔以为印度人现在比一切都重要的是在保守他们的灵魂，保守他们爱好和平、崇敬神的天性。他的眼光不放在经济的方面，他是放在精神的幻想方面。他以为印度如能灵魂上自由并且能保守他精灵的个性，那么其他一切东西，都可以加上来。

现在的印度已渐渐受了西洋人物质的侵掠和占有的影响，一般有志之士，都想在物质方面谋所以补救之方，而不知内心已失调，外面之修补，一点也不能救药的。泰戈尔说这批人所付的代价就是灵魂。他对于印度的现状是很悲观的。他彻头彻尾是在主张精神方面的发展、生命的发展！

五

"我生生死死都情愿在印度,不论她如何贫困、悲苦和哀愁,我最爱印度。"他是印度的热爱者,因为印度重直觉而不重智慧,重宗教而不重科学,重自由而不重指导,重生命而不重占有。他不表同情于那般一味盲从新的人以为古的东西一切都不中用的,在他看来进步与更改是在保守古时的理想并且建筑在这理想上,保存了印度式的灵魂,那么西洋一切好的可贵的都可采取。西洋与印度的理想是可以调和的,只消印度人以其精神的理想为根据。印度的精灵虽已在睡眠状态,但尚没有死;虽是他的心房的跳动渐渐的缓下来了,但是还没有停止。他虽受种种的摧残而精灵的灯光尚没有熄灭。所以泰戈尔虽对于现状有些悲观,但是他确信印度的将来,他拿他爱国主义的生命的火焰鼓吹他的国人努力去创造对于祖国的虔敬,对于他进步的热情。

附 录

六

泰戈尔对于印度现代的教育方法根本反对,这样教育完全受物质主义的支配,抄袭西洋的。他的声音不过是回声,他的生命不过是一个引用的记号(Quotation),他的灵魂不过是一个脑子,他的自由的精神不过是物体的奴隶。泰戈尔谓现代的学校"不过是特别造来为磨成一式的结果的工厂"。人类的个性和心的变化多端,他都不管的,灵魂的发展和自由思想的进步的自由是没有的。宗教和艺术、道德和精神方面,完全浸到科学的公式和社会的法律里了。

泰戈尔觉得"教育的目的是拿真理的合一授给人。本来人的生活很简单,人的各种不同的原素是完全谐和的,但是当理智从物质的和精神的分离以后,学校教育只完全注重在人的理智和物质的方面了。我们只注意把知识灌进儿童的脑子里,而不知这种片面的注重适足以加强三者的分离"。至于如何可以培养精神生活呢?很简单,只消让灵魂很自由地很自意地去表现他们自己罢了。他在波普

尔①地方自己设立了一个学校，他拿近代的教育方法和古印度教养灵魂的理想并合，实行他宗教的艺术的理想。

七

泰戈尔反对把艺术和工业分开，就是反对把"用"和"美"分开。机械一天一天代替印度的手工业了。他并不反对机械的介绍进来，他反对的是机械的精神和由此而产生的结果，西洋人产生工业主义的恶果，只因为在工业上消灭艺术，人生上消灭宗教的原故，如其印度而亦走此同一方向，则工业主义之产生亦在所不免。如其采用印度人的精神，那么工业和宗教就会在一起行动，印度可免工业主义之祸。

假使工业和艺术不分离，那么工作就是艺术的表现，工作就会有兴趣有快乐，人类创造的精神和表现的欲望就可在工作里满足。每一个工人就会懂得他所做的不但供献用者身体上需要，还给了他自己精神的幸福。

---

① 原文为Bolpur。

八

但是印度人对于艺术是什么，艺术的真功用是什么，大都忘记了。在泰戈尔看来，艺术就是生命的表现，他的功用就在解放人生。艺术可以使我们刺入那包藏了"永久"的帷幕，并且显示给我们看。可是近代的艺术完全受了物质主义的影响，没有中心，没有永久的价值。除了满足兽的欲望之外，没有什么了。其实也怪不得他们，在这物质主义、金钱万能、人类变了机械的时代，当然产生不出什么艺术。

要艺术与生命的再生，需要一番宗教的运动。宗教是生命的呼吸，而艺术亦惟和合了宗教才能伟大。古印度人在一切物件、形式、表现、运动之内看见美和看见神一样。假使这种精神恢复了，那么一切生命都要变成艺术的，并且使我们在多方面发展艺术的可能性。

九

"来世"与"运命"之过甚其辞,也是阻止印度向上发展的缺点。他们把来世和运命看得太着实了,所以就看轻现世,及现世的种种努力。禁欲主义等都由此见解而来的。

在泰戈尔看来这都是不对。只有对于生命的热爱和现世的热爱,才能实现神的天国。所以宗教是日常生活的一种灵感,是放在现世里和不公平战争的战士的手里的势力。这不是逃世,是入世,是为人类的幸福之大竞争,这不是生命的灭绝,是生命的大发展。

运命只能约束人类的肉体,并不能及于精神。精神是自由的。一个人把自己的心灵关闭了,和世界全体分开,而完全受希望与恐怖的支配,是不自由的;反之,当他知道他在宇宙里的位置并且在他的生活里实现出来,那么他是自由的。他的自由的增减,要看他的不自利心的增减。所谓运命,不过是人类的退缩的别名罢了。泰戈尔是不相信运命的。

附 录

十

泰戈尔对于印度的政治,以为即使印度有好的政府的各种便利,印度尚不能称为自由。因为自由不是离开人生,或者杀却官能,却是自我的扩大、人格的扩张,并且是官能和欲望的散开。要达到这目的,除非我们有了自管的权,因为"一个人做自己的主人翁的权,是人的权利中的最大者了"。

印度现在没有这个权,这权被人家夺去了。夺这权的,是英国人!但是泰戈尔并不怨恨英国人,他以为一个国家的受难一定有可以受难之因。印度人的物质主义和自私自利心的发达,就是所付的代价。印度上级人如何对下级人,所以英人也如何对待印度。所以如果我们的社会生活里欢迎残忍的强暴,我们决不能问人家要绝对的政治自由。

所以印度人现在所急需,不在争外面的问题,而在找求他们自己的遗产,去赎回在世界上的真地位。这遗产是什么?是"人生的简单,神视的分明,心地的纯洁,和

宇宙的和谐并在创造里无限的人格的意识的理想"。要恢复这遗产去救印度的堕落,泰戈尔又以为非宗教的复生不可!

印度人是要自治的!如其英人因此而施以压制手段,泰戈尔也不肯屈服的。他说:"他们越是束紧他们的索子,我们越是要咬断这索子;他们的眼睛越是变红,我们的眼睛却越是张开。现在是你们去工作的时候了,不要再做甜蜜的梦了;他们越是叫喊,我们的睡梦也可以更快更好的治好。"

他希望英国再不要有那做世界的主人翁的迷梦,这是不可能的。一国的文化、风俗、人情都不相同,你怎么能够把他活活地吞下去呢。他以为印度现在所希望的不是吹毛求疵的批评或商业的利用,却是知的同情和实在的指导。

十一

泰戈尔是宗教式的理想家,他对印度大喊:败比不名誉要尊贵得多,忧愁比恨怨要好得多,受苦比使人苦要好得多;让我们学习受苦而不恨,牺牲而不失望,让灵魂除了永久的正直以外不向别的鞠躬。这就是泰戈尔对于印度的使命。

十二

但是我们不要误会泰戈尔只知东方的好处而不知西方也有好处。他最欢喜西方人对于社会服务的热心，他称赞西方人的有规则、有秩序和自由。他说："……欧洲人告诉我们对于公同的善的义务比对于一家一族的更重要，并且那使社会免于乱动的规律的神圣，因此得到进步的连续，和保证在人生的各地位里一切人的公平。尤甚者，欧洲把经过数十世纪的牺牲和成功所得到的自由——良心的自由，思想和行动的自由，艺术和文学的思想里的自由——的旗帜，高扯在我们的心前。"

他以为西方文明的缺点即在于重视物质过于精神的，政治过于宗教的，权力心过于和平心的。这政治的趋势表现在许多方法里。泰戈尔以为这样的文明是死的不是活的，惰性的不是谨慎的，机械的不是精神的。这次大战争就是对于欧洲人崇拜错误理想的惩戒。

战后的欧洲一定须要采取东方的理想，就是那精神

爱、美和自由，而这理想的代表者就是印度。所以泰戈尔很荣耀地说道："是的，你的光明和欢喜是潜在东方去解放世界的灵魂。"

传布东方文明，泰戈尔自告奋勇地一力担任下来，他断言东西文明沟通之后的世界便是和谐的世界，但不是一致的世界。假使世界变成了一个模型，还有什么意思呢？所以泰戈尔主合各民族之长以成一民族，不主以一民族的文明支配全世界。他主张把各国的国民性尽量发挥，而这发挥又不碍到世界的谐和。他说："我们要切认只有经过种族的个性的发展，我们才真能达到普遍性，并且只有在普遍性的精神的光明里我们才能完成个个性。"

各国的国民啊！你们把你们的个性的礼物拿出来，贡献在人道的祭坛的前面罢。泰戈尔这样绝叫，而他自己呢，早决心把印度人的礼物奉出来！这是泰戈尔对于世界的使命，也就是印度人对于世界的使命呵！

——此篇根据《泰戈尔之哲学》第四、五两章

六 泰戈尔的重要著作

据柯麦尔·罗伊的《泰戈尔与其诗》(*R. Tagore: The Man and His Poetry*) 一书上说，泰戈尔的孟加拉文的著作，共有三次重要刊本：第一次刊本系著者自己编定，并自己题其卷帙。第二次刊本为其友人 M.C.Sen 所刊。Sen 把他的诗，依其思想的类似而分卷和题名。最近加尔各答的 India Publishing House 又发行一种新刊本，一切都照第一次刊本之旧，许多被 Sen 本所删去的诗，仍旧在这本里添下了。

罗伊所举泰戈尔重要的著作如下：

诗　集

Sandhya Sangit.

Probhat Sangit.

Bhanusingher Padabali.

Chabi o Gan.

Kari o Komal.

Prakritir Pratisodh.

Sonartari.

Chaitali.

Kalpana.

Katha.

Kahanika.

Kanika.

Kahini.

Sishu.

Naibadya.

Utsharga.

Kheya.

Gitanjali.

Gitimalya.

戏　曲

Raja.

Raja o Rani.

Dakghar.

附 录

Chitra.

Malini.

Bisharjan.

Sharodotshab.

Balmiki Prativa.

Bidaya Abhishap.

Goria Galad.

小　说

Gora.

Nowkadubi.

Chokherbali.

Bowthakuranir Hut.

Rajarshi.

Galap Gucha.

Projapatir Nirbandha.

论　文

Bichitra Probandha.

Prachin Sahitya.

Lok Sahitya.

Sahitya.

Adhunik Sahitya.

Swadesh.

Somaj.

Siksha.

Shanti Niketan Series.

Bhaktabani.

不过这些都是孟加拉文原著,我们无从领略,现在只就已译成英文的二十几部介绍一下。

所有泰戈尔的书籍,都由英国和美国麦美伦公司(Macmillan and Company)一家出版,所以不必分别注明了。

(一)诗歌

(1)《吉檀迦利》(*Gitanjali*)

(2)《采果集》(*Fruit Gathering*)

(3)《园丁集》(*The Gardener*)

（4）《新月集》（The Crescent Moon）

（5）《飞鸟集》（Stray Birds）

（6）《思余》（Thought Relics）

（7）《情人之贻与歧路》（Lover's Gift and Crossing）

（8）《飘流和路旁》（Fugitive and the Wayside）

（二）戏曲

（1）《邮政局》（The Post Office）

（2）《暗室之王》（The King of the Dark Chamber）

（3）《齐德拉》（Chitra）

（4）《春之循环》（The Cycle of Spring）

（5）《牺牲和其他》（Sacrifice and Other Plays）

（三）小说

（1）《饥饿的石头》（Hungry Stones and Other Stories）

（2）《姨母和其他》（Mashi and Other Stories）

（3）《家庭与世界》（The Home and the World）

（4）《沉船》（The Wreck）

（5）《戈拉》（Gora）

（四）论文

（1）《生之实现》（*Sādhanā: The Realisation of Life*）

（2）《人格》（*Personality*）

（3）《国家主义》（*Nationalism*）

（4）《创造的一体》（*Creative Unity*）

（五）自传

《我的回忆》（*My Reminiscences*）

（六）信札

《孟加拉的景物》（*Glimpes of Bengal*）

（七）译文

《葛拜耳诗集》（*Poems of Kabir*）

附 录

关于研究泰戈尔的书

（1）《泰戈尔与其诗》罗伊著

(*R.Tagore: The Man and His Poetry* by B.K.Roy)

（2）《泰戈尔传》里斯著

(*R.Tagore: A. Biographical Study* by Ernest Rhys)

（3）《泰戈尔的哲学》拉哈克里希南著

(*The Philosophy of R.Tagore* by S.Radhaklrishnan)

（4）《山底尼克顿》批尔孙著

此书述泰氏创办的和平之院之事。

(*Shantiniketan* by Pearsen)

（5）《特平特拉那斯·泰戈尔自传》

(*The Autobiography of M. D. Tagore*)

特平特拉那斯是我们的诗人拉宾德拉纳特的父亲。